परिवर्तन

—की ओर—

परिवर्तन
—की ओर—

संपादक

अनंत विजय

शिवानंद द्विवेदी

प्रभात प्रकाशन, दिल्ली
ISO 9001:2008 प्रकाशक

Dr. Syama Prasad Mookerjee
Research Foundation
e-mail : office@spmrf.org

प्रकाशक • **प्रभात प्रकाशन**
4/19 आसफ अली रोड,
नई दिल्ली-110002

संस्करण • प्रथम, 2017
मूल्य • दो सौ पचास रुपए
मुद्रक • आर-टेक ऑफसेट प्रिंटर्स, दिल्ली

PARIVARTAN KI ORE
Ed. Anant Vijay & Shiwanand Dwivedi ₹ 250.00
Published by Prabhat Prakashan, 4/19 Asaf Ali Road, New Delhi-2
e-mail: prabhatbooks@gmail.com ISBN 978-93-86300-24-9

अनुक्रम

प्राक्कथन

भाजपा-नीत केंद्र सरकार बने अभी दो वर्ष कुछ महीने ही हुए हैं। इस कालखंड में प्रधानमंत्री नरेंद्र मोदी के नेतृत्व में केंद्र सरकार लगातार जन-हितैषी योजनाओं के माध्यम से चुनाव से पूर्व किए गए वादों को पूरा करने की दिशा में पूरी निष्ठा से काम कर रही है। संप्रग सरकार की कार्यप्रणाली से निराशा और हताशा में डूबी जनता का जो विश्वास वर्ष 2014 के दौरान भाजपा नेतृत्व में दिखा था, वो आज न सिर्फ कायम है, बल्कि और मजबूत हुआ है। आम जनता की समस्याओं, उनके दैनिक जीवन की परेशानियों एवं दूरगामी हितों को ध्यान में रखते हुए यह सरकार हर वह प्रयास कर रही है, जिससे स्थिति में बदलाव लाया जा सके। भाजपा ने चुनाव के दौरान 'अच्छे दिन' का नारा दिया था। दरअसल यह हमारे लिए सिर्फ एक नारा भर नहीं है, बल्कि यह हमारा दृढ संकल्प है। हम इस नारे को मूर्त रूप देने की दिशा में लगातार आगे बढ़ रहे हैं। देश के किसी भी इलाके में अंतिम छोर पर खड़ा कोई भी आमजन और उसकी जरूरतें, उसका हित, उसका स्वास्थ्य वर्तमान की भाजपा-नीत केंद्र सरकार की प्राथमिकता का हिस्सा है। कई बार टी.वी. कार्यक्रमों में कुछ लोग पूछते हैं कि अच्छे दिन की परिभाषा क्या है ? मैं अपने जवाब को स्पष्ट करना चाहूँगा कि वर्तमान सरकार की प्रत्येक योजना के केंद्र में 'अच्छे दिन' की अवधारणा अंतर्निहित है। यह कोई अनोखी बात नहीं है कि दूर-सुदूर इलाके में गरीब परिवारों की महिलाएँ लकड़ी-उपलों के धुएँ में खाना बनाने को मजबूर होती थीं। वर्तमान

सरकार ने उन गरीब परिवारों की करोड़ों महिलाओं की इस गंभीर समस्या को समझते हुए 'उज्ज्वला' योजना के तहत उन्हें इस समस्या से निजात दिलाने की दिशा में काम किया है। इस योजना के तहत सरकार द्वारा मुफ्त गैस सिलेंडर उपलब्ध कराया जाता है। हम इसे 'अच्छे दिन' मानते हैं। कुछ वर्ष पूर्व तक यूरिया के लिए किसानों को लंबी-लंबी कतार लगानी पड़ती थी, इसके बावजूद उनकी जरूरत के अनुरूप यूरिया नहीं मिल पाता था। केंद्र सरकार ने किसानों की इस समस्या को लगभग पूरी तरह से समाप्त कर दिया है। इसमें कोई दो राय नहीं कि देश की आजादी के छह दशक बाद भी 18,452 गाँवों तक बिजली नहीं पहुँच सकी थी। वर्तमान सरकार ने हर गाँव तक बिजली पहुँचाने का न सिर्फ संकल्प लिया बल्कि तय लक्ष्य से अधिक गति से उसे पूरा भी कर रही है। आम किसान की भूमि कैसी है, उसकी उर्वरकता की स्थिति क्या है, इसका परीक्षण कराकर केंद्र सरकार ने सॉइल हैल्थ कार्ड उपलब्ध कराया है। क्या यह तथ्य हमारे लिए आश्चर्यजनक नहीं था कि आजादी के इतने वर्षों बाद भी इस देश के साठ करोड़ लोग ऐसे थे, जिनका कोई बैंक खाता तक नहीं खुल पाया था। इसका सीधा अर्थ निकलता है कि इस देश के करोड़ों लोग मुख्यधारा की अर्थव्यवस्था में हाशिए पर थे। जन-धन योजना के तहत उन्हें हाशिए से उठाकर इस सरकार ने मुख्यधारा में लाने का रिकॉर्ड काम किया है, जो पहले कभी नहीं हुआ था।

आतंकवाद के मसले पर प्रधानमंत्री नरेंद्र मोदी के नेतृत्व में केंद्र सरकार की जीरो टॉलरेंस की नीति रही है। हाल में उड़ी में हुए आतंकी हमले के बाद सैन्य कार्रवाई से यह साबित भी हुआ है। गत दो वर्षों में आतंकियों द्वारा ऐसी कई आतंकी वारदातों को अंजाम देने की कोशिश की गई थी, जिसे हमारे देश की सेना के बहादुर जवानों ने विफल किया है। उड़ी हमले के बाद भारतीय सेना द्वारा की गई सर्जिकल स्ट्राइक से पाकिस्तान पूरी तरह से पस्त हो चुका है। अंतरराष्ट्रीय पटल पर इस सरकार ने पाकिस्तान को अलग-थलग करते हुए यह संदेश देने में कामयाबी हासिल की है कि अब उसके द्वारा पोषित किए जा रहे आतंकवाद को भारत किसी भी हाल में बरदाश्त नहीं करनेवाला

है। आतंकवाद को लेकर हमारी सख्त नीति सेना के मनोबल और आम जनता की वास्तविक भावना के अनुकूल है और हम इस नीति पर कायम हैं।

भाजपा-नीत केंद्र सरकार की तमाम योजनाओं, नीतियों एवं घोषणाओं पर केंद्रित यह पुस्तक डॉ. श्यामा प्रसाद मुखर्जी शोध अधिष्ठान द्वारा लाई जा रही है। इसके लिए मैं अधिष्ठान, इस पुस्तक से जुड़े लेखकों, संपादकों एवं प्रभात प्रकाशन को बधाई देता हूँ। ऐसी आशा है कि सरकार की योजनाओं एवं नीतियों के प्रति आम लोगों को जागरूक करने एवं स्वतंत्र समझ विकसित करने की दिशा में यह पुस्तक उपयोगी सिद्ध होगी।

अमित शाह

राष्ट्रीय अध्यक्ष, भारतीय जनता पार्टी

भूमिका

किसी और बात पर देश और विदेश में, सत्तारूढ़ दल और विपक्षी दलों में मतैक्य हो या न हो, शायद इस बात पर जरूर होगा कि नरेंद्र मोदी विचार और व्यवहार, दोनों में कुछ-न-कुछ नया और नवाचारी करने के आदी हैं। यह उनकी प्रकृति है। वह अलग, मौलिक और कल्पनाशील ढंग से सोचते हैं, काम करते हैं। प्रधानमंत्री बनने के बाद ढाई साल में जितनी संख्या और प्रकृति में नई सरकारी और सामाजिक योजनाओं, अभियानों की शुरुआत उन्होंने की है, वह इसका एक प्रमाण है।

मोदी की नवाचारी सोच का संकेत तो चुनाव अभियान के दौरान ही मिल गया था, जब घोर राजनीतिक भाषणों के बीच उन्होंने सफाई, खुले में शौच के दुष्परिणामों की, महिलाओं को होने वाली असुविधा और लज्जा की जमकर चर्चा की। प्रधानमंत्री के रूप में अपने लाल किले के पहले भाषण में भी उन्होंने इन बातों को काफी समय दिया। उससे पहले अपने शपथ ग्रहण समारोह में नवाज शरीफ सहित सारे पड़ोसी देशों के राष्ट्राध्यक्षों को बुलाकर उन्होंने अपनी विदेश नीति में भी एक सर्वथा मौलिक और साहसी सोच का परिचय दे दिया था।

कह सकते हैं कि उसके बाद से ही नरेंद्र मोदी और उनकी सरकार का कार्यकाल अभूतपूर्व रूप से नवाचारी कदमों, नीतियों, कार्यक्रमों की एक अनवरत शृंखला रहा है। ऐसा नहीं कि उन्होंने सबकुछ नया ही किया है। पिछली सरकार की शुरू की गई आधार कार्ड और महात्मा गांधी न्यूनतम रोजगार गारंटी योजना जैसी उपयोगी योजनाओं को अपनाकर उन्हें खूब आगे

भी बढ़ाया है। यह भी एक तरह का राजनीतिक नवाचार ही है। इस पुस्तक में इनमें से प्रमुख नीतियों और कार्यक्रमों की चर्चा आगे के पन्नों में है। यहाँ प्रयास है इन सभी योजनाओं, घोषणाओं, कार्यक्रमों का देश के मनोबल, आत्मबोध, आत्मविश्वास, दीर्घावधि आर्थिक प्रगति और संभावनाओं पर क्या प्रभाव पड़ेगा, इसका आकलन करने का।

हर सरकार घोषणाएँ करती है, नई योजनाएँ, कार्यक्रम आरंभ करती है। अब तक देश का अनुभव यह रहा है कि सामान्यत: सदाशयी और अच्छे उद्देश्यों के साथ शुरू किए गए कार्यक्रमों में से अधिकांश अगले चुनाव में सत्तारूढ़ दल को जिताने के लक्ष्य के साथ शुरू किए जाते हैं। ऐसे अधिकतर कार्यक्रम लोक लुभावन होते हैं और इतिहास ने यह दिखाया है कि वे देश की अर्थव्यवस्था और आर्थिक रीढ़ को मजबूत करने की जगह, कमजोर करके ही जाते हैं। लोक-लुभावन नीतियों की सबसे बड़ी कीमत दरअसल बाद में आने वाली सरकार और अगली पीढ़ियों को ही चुकानी पड़ती है।

डिजिटल इंडिया, मेक इन इंडिया, स्किल इंडिया, स्टार्टअप इंडिया, स्टैंड अप इंडिया जैसे कार्यक्रम देश की जनता, युवाओं, उद्यमियों, उत्पादकों, नवोद्यमियों को एक डिजिटल संसार से जोड़कर अभिशासन और आर्थिक विकास की अगली सीढ़ी पर छलाँग लगाने की नींव तैयार की गई है। जन धन योजना, राष्ट्रीय बीमा योजना, फसल बीमा, मुद्रा बैंक जैसी योजनाएँ आर्थिक समावेशन और सशक्तीकरण के साथ-साथ एक आर्थिक कवच प्रदान करने की महत्त्वाकांक्षी योजनाएँ हैं, जिनसे आर्थिक सुरक्षा के साथ-साथ समाज के निम्नतर स्तर पर भारत की नैसर्गिक उद्यमिता को संबल देकर ऊपर उठाने में बड़ी सहायता मिलेगी।

इन योजनाओं और उनके पीछे प्रधानमंत्री की नवाचारी सोच की व्यापक जन स्वीकार्यता और समर्थन का एक स्पष्ट प्रमाण और परिणाम तो यह है कि ढाई साल के बाद भी प्रधामंत्री नरेंद्र मोदी को 74 फीसद लोगों का समर्थन हासिल है। सामान्यत: जीवंत लोकतंत्रों में यह दुर्लभ है। परिवर्तन और अपनी स्थिति में तेजी से सुधार के लिए अधीर हो चले मतदाताओं में सालों प्रतीक्षा

करने की आदत अब छूट चली है। भारत में भी इस नई अधीरता को हम कई वर्षों से देख रहे हैं। युवा मतदाताओं में यह प्रवृत्ति विशेष मुखर है। यहीं हमें एक रोचक विरोधाभास दिखता है। बावजूद इसके कि नरेंद्र मोदी के सबसे बड़े समर्थक अपने भविष्य के प्रति उत्सुकता, आशाओं और आशंकाओं से भरे भारत के युवा मतदाता ही थे, यह महत्त्वपूर्ण है कि वे ढाई वर्ष में निराश नहीं हुए हैं, आशावान और समर्थक बन हुए हैं।

इसका संदेश और अर्थ स्पष्ट है। मोदी सरकार के आने के बाद से जिन तमाम बड़ी और छोटी योजनाओं, अभियानों और कार्यक्रमों की शुरुआत हुई है, उनके प्रति लोगों में विश्वास और उत्साह बना हुआ है। उन्हें यह विश्वास है कि ये योजनाएँ उनके और देश के लिए अच्छी हैं और यह भी कि मोदी सरकार उन्हें पूरा करने के प्रति गंभीर है।

यह विश्वास और समर्थन इस सरकार की सबसे बड़ी राजनीतिक पूँजी है। इसके बने रहने में एक कारण यह भी है कि देश के राजनीतिक क्षितिज पर कोई दूसरा सुदृढ़ विकल्प नहीं है। अभी उसके आसार भी नहीं दिखते। लेकिन इससे सत्तारूढ़ दल और सरकार का आत्मसंतुष्ट और आश्वस्त होकर बैठ जाना घातक होगा। परिस्थितियाँ और जन का का मन कब, किस दिशा में बदल जाएँ, यह कोई नहीं कह सकता।

यह याद रखना भी अनिवार्य है कि बिना ठोस और दृश्य जमीनी कार्यान्वयन के ये सारी नवाचारी, कल्पनाशील योजनाएँ और कार्यक्रम उतने ही बड़े मोहभंग और आक्रोश के स्रोत बन सकते हैं, जितने बड़े समर्थन के रहे हैं। दशकों से एक यथास्थितिवादी राज्यसत्ता, राजनीतिक संस्कृति और प्रशासन के अभ्यस्त लोग इस नई और विचार-व्यवहार में ताजा लगने वाली सरकार को समय देने के लिए तैयार हैं। लेकिन ज्यादा दिनों तक नहीं रहेंगे।

अभी तक नरेंद्र मोदी सरकार की नीतियों और सक्रियता का क्षेत्र समावेशी और त्वरित विकास का भौतिक एवं तकनीकी आधार बनाने पर रहा है। यह बेहद आवश्यक है, लेकिन पर्याप्त नहीं। अब समय है सामाजिक विकास की ओर भी उतना ही ध्यान देने का। भारत को एक समरसता, समता

और सौहार्द से भरा देश बनाने का यज्ञ अभी शुरू होना बाकी है। भारत को केवल संसार का उत्पादन-केंद्र ही नहीं, ज्ञान-केंद्र बनाना भी इसी सरकार, इसी पीढ़ी का कर्तव्य है। बहुत सदियों तक हम ज्ञान के आयातक रह चुके; अब एक बार फिर से ज्ञान के निर्माता और निर्यातक बनने का समय है। यह ज्ञानयज्ञ ऐसे वातावरण और समाज में ही संभव है, जिसमें सभी वर्गों के बीच कटुताएँ, दूरियाँ, अविश्वास कम-से-कम हों, ऐतिहासिक खाइयाँ पाटी जा चुकी हों, युवा भारत की प्रतिभा और ऊर्जा सदियों पुराने विभाजनों को भुला और मिटाकर समान प्रतिष्ठा के साथ समान अवसर पाकर अपना और देश का भविष्य बनाने के लिए हर अस्त्र एवं अवसर से संपन्न बना दी गई हो।

राहुल देव

वरिष्ठ पत्रकार

संपादक की बात

अच्छे दिन। ये दो शब्द 2014 के लोकसभा चुनाव के पहले और उसके बाद लगातार सुनाई देते रहे हैं। चुनाव के पहले और चुनाव के दौरान बीजेपी ने इसको अपना नारा बनाया था। चुनाव के बाद जब भारतीय जनता पार्टी की अगुवाई में केंद्र में सरकार बनी तो विरोधी इन दो शब्दों को सरकार को घेरने में इस्तेमाल करने लगे हैं। मुद्दों से हटकर राजनीति करनेवालों को इन दो शब्द के रूप में एक हथियार मिला, लेकिन हथियार कितना मारक है, इस पर संशय कायम है। मशहूर पत्रकार जॉन इलियट ने अपनी पुस्तक 'इंप्लोजन, इंडियाज ट्रायस्ट विद रियलिटी' में लिखा है—''नरेंद्र मोदी आजादी के बाद सबसे मजबूत प्रधानमंत्री के तौर पर उभरे हैं। आजादी के बाद के किसी भी प्रधानमंत्री में इतनी मजबूत प्रतिबद्धता और आगे बढ़ने की ललक नहीं दिखाई देती है, जो नरेंद्र मोदी में 2014 के ऐतिहासिक जीत के बाद आई।'' जॉन इलियट 2014 के चुनाव के पहले हिंदुस्तान की राजनीति पर टिप्पणी करते हुए लिखते हैं—''लोग कांग्रेस के दस साल के शासन से ऊब चुके थे, उनकी अस्पष्ट नीतियों और सोनिया तथा राहुल गांधी के नेतृत्व से देश में हताशा का माहौल बनने लगा था। लोग अब एक ऐसा प्रधानमंत्री चाहते थे, जो फैसले ले और उनको लागू भी करवाए। जो देश की व्यवस्था की खामियों को दूर करे और भ्रष्टाचार पर नकेल कसे। इसके अलावा लोगों की आकांक्षा थी कि वह भारत के आर्थिक तौर पर सफल बनाते हुए विकास के पथ पर

आगे बढ़े, ताकि देश में रोजगार आदि की संभावनाओं के नए द्वार खुल सकें।'' इन्हीं आशाओं और अपेक्षाओं को भाँपते हुए एक कुशल राजनेता की तरह नरेंद्र मोदी ने इसको बेहतर चुनावी अस्त्र के रूप में इस्तेमाल किया और अगर जॉन इलियट की बात मानें तो चुनाव जीतने के बाद उस दिशा में वे अग्रसर भी हुए।

अच्छे दिन का क्या मतलब होता है, जनता इस बात को समझती है और महसूस भी करती है। अच्छे दिन का सीधा जुड़ाव होता है माहौल से। आपके आसपास का माहौल, आपके राज्य का माहौल, आपके देश का माहौल। एक ऐसा माहौल, जो आपको पहले के माहौल से बेहतर लगे। अगर मई 2014 से पहले के देश के माहौल को याद किया जाए और उस वक्त से इस वक्त देश के माहौल की तुलना की जाए तो साफ तौर पर ये लगता है कि अच्छे दिन हैं। आँकड़ों के बाजीगर तरह-तरह की बाजीगरी करते हुए यह बात कह सकते हैं कि फलाँ सेक्टर में गिरावट है, फलाँ सेक्टर में मायूसी है आदि-आदि, लेकिन अगर समग्रता में और 'अच्छे दिन' की शाब्दिकता को परखेंगे तो इस बात का एहसास बेहद गहरा होगा। 2014 के पहले देश में दो चीजें बेहद प्रमुखता से रेखांकित की जा सकती थीं—'जुगाड़' और 'चलता है'। कहीं भी कोई काम करना हो तो जुगाड़ की तलाश की जाती थी। जुगाड़ मिल भी जाते थे और यह कहने की आवश्यकता नहीं है कि जुगाड़ क्या होता था। जितना बड़ा काम उतना बड़ा जुगाड़। बड़ी संस्थाओं में नियुक्ति से लेकर अरबों के ठेकों और सरकारी खरीद तक में जुगाड़। पूरे देश ने देखा था कि रेलमंत्री के घर से रेल मंत्रालय में नियुक्ति के 'जुगाड़' का खेल खेला जा रहा था। रेलमंत्री का रिश्तेदार न केवल गिरफ्तार किया गया, बल्कि रेलमंत्री को अपने पद से इस्तीफा देना पड़ा। यह तो वो जुगाड़ था, जो सार्वजनिक हो गया था। ऐसे कई जुगाड़ थे, जो फिट बैठे और सामने भी नहीं आ पाए। इसके अलावा पूरे देश में हर तरह के काम-काज को लेकर गंभीरता खत्म होती दिखने लगी थी। 'चलता है' सिंड्रोम से हमारे देश का सिस्टम ग्रसित

दिखाई दे रहा था। ऐसा प्रतीत होता था कि हमारे सिस्टम में घुन लग गया है और किसी को फिक्र ही नहीं है।

वर्ष 2014 में जब नरेंद्र मोदी ने देश की कमान सँभाली तो उन्होंने सिस्टम को एक कड़ा संदेश तो दिया ही, साथ ही 'मिनिमम गवर्नमेंट, मैक्सिम गवर्नेंस' का नारा देते हुए इस दिशा में कई कदम भी उठाए। जिस तरह से उन्नीस सौ इक्यानबे में लाइसेंस परमिट राज खत्म करने की दिशा में गंभीरता से कदम उठाए गए थे, उसी तरह से 2014 में जनता और सरकार के बीच की बाधाओं को दूर करने के लिए कई कदम उठाए गए। सरकार ने जनता पर आजादी के करीब अड़सठ साल बाद भरोसा करना शुरू किया और सर्टिफिकेट के सत्यापन आदि को लेकर बाध्यता खत्म कर दी। देखने में यह एक छोटा कदम लग सकता है, लेकिन इसे उस जनता से जाकर पूछना चाहिए, जिनको इस काम में कई दिन खर्च करने पड़ते थे, उनके लिए यह कदम अच्छे दिन की शुरुआत की तरह था। इस तरह के कई छोटे कदम उठाए गए, जो परेशान आम जनता के चेहरे पर खुशी के लिए काफी थे। ये ही होते हैं अच्छे दिन।

इस देश ने सामाजिक न्याय के नाम पर राजनीति देखी, धर्म के आधार पर चलने वाली राजनीति देखी, ईमानदारी की राजनीति का दौर भी देखा, लेकिन देश के लिए जज्बे की राजनीति का वह दौर फिर नहीं देखा था, जो आजादी के पहले गांधी ने जगाया था। आजादी के बाद भारतीय समाज ने कई तरह के पड़ाव और बदलाव देखे—राजनीति से लेकर समाज तक में। देश में इमरजेंसी के बाद साझा सरकारों का दौर शुरू हुआ तो नेताओं की लोकप्रियता छीजती चली गई। जवाहरलाल नेहरू जब देश के प्रधानमंत्री बने थे तो वो उस वक्त राजनीति के पिरामिड में सरदार पटेल, मौलाना आजाद, श्यामा प्रसाद मुखर्जी, जी.बी. पंत, बी.जी. खेर, विधानचंद राय जैसे नेता शामिल थे। कालांतर में राजनीति का यह मजबूत पिरामिड कमजोर होता चला गया। क्षेत्रीय क्षत्रपों का उदय होने लगा। जैसे-जैसे संचार माध्यमों का फैलाव शुरू हुआ तो नेताओं की अखिल भारतीय छवि और लोकप्रियता

कमजोर पड़ने लगी। 2014 के लोकसभा चुनाव में नरेंद्र मोदी की मजबूत छवि ने क्षत्रपों को रोका और आजादी के बाद पहली बार पूर्ण बहुमत से केंद्र में कोई गैर-कांग्रेसी सरकार बनी।

मजबूत नेतृत्व के सामने आने की वजह से अब मजबूत राष्ट्र की बात हो रही है। गांधी ने भी राष्ट्रवाद को उभारा था। आजादी के पहले देश को स्वाधीनता दिलाने के लिए उन्होंने एक सभ्यता को राष्ट्र में बदला और देशभक्ति की भावना जगाकर एक उद्देश्य को हासिल करने के लिए नागरिकों के बीच एकता की मुहिम चलाई। यह 1920 का दौर था। गांधी ने यूरोपीय राष्ट्रवाद की अवधारणा को स्वीकार नहीं किया था। भाषा को राष्ट्रवाद से अलग कर दिया था। सभी भाषा और क्षेत्र के नेताओं को जिम्मा दिया गया। गांधी ने 'वन लैंग्वेज वन नेशन' को अगर माना होता तो आजादी के बाद यूरोप की तरह ही भारत में भी कई राष्ट्र होते। भारत की विविधता की पहचान में भाषा, जाति, समुदाय और धर्म प्रमुख तत्त्व हैं। यहाँ ये चारों एक-दूसरे की सीमाओं का अतिक्रमण करते हैं। कहने का मतलब यह कि भाषा किसी जाति के बंधन में बँधी नहीं है, जाति किसी धर्म-विशेष की अनुयायी नहीं है। राजनीति के जानकार लगातार इस स्थापना को मजबूत करते रहे कि नेशनहुड किसी भी लोकतंत्र की मजबूती की पूर्वापेक्षित शर्त है और भारत की बहुलतावादी संस्कृति की वजह से यहाँ नेशनहुड की अवधारणा लगभग असंभव है। लेकिन पिछले दो सालों में अगर हम राष्ट्रवाद पर विचार करें तो राजनीतिक विश्लेषकों की उपरोक्त अवधारणा निगेट हुई है। अच्छे दिन को इन्हीं परिस्थितियों के आसार में विश्लेषित किए जाने की जरूरत है। अगर इन मानकों की कसौटी पर अच्छे दिन को कसते हैं तो अच्छे दिन का एहसास होगा।

इस किताब की रूपरेखा सुझाने और किताब तैयार करने में सहयोग के लिए डॉ. श्यामा प्रसाद मुखर्जी फाउंडेशन के निदेशक डॉ अनिर्बान गांगुली को धन्यवाद। इस योजना को जानने-समझने के लिए वक्त निकालने और प्राक्कथन लिखने के लिए भारतीय जनता पार्टी के राष्ट्रीय अध्यक्ष अमित

शाह जी का आभार। शुक्रिया उन तमाम लेखकों का भी, जिन्होंने अच्छे दिन की अवधारणा को पुष्ट करने के लिए तथ्यों के आधार पर अपनी बात कही है। इस पुस्तक में जितनी मेहनत दिखाई देती है, उसके हकदार शिवानंद द्विवेदी हैं। उनके उज्ज्वल भविष्य की कामना है।

विजयादशमी, 2016 **अनंत विजय**

कृषि : कोशिश ऐसी कि बनी रहे प्रधानता

उमापति मिश्र

भारत एक कृषि प्रधान देश है। आज भी यहाँ की बहुत बड़ी आबादी की आय का मुख्य स्रोत कृषि ही है। इस क्षेत्र से देश की बहुत बड़ी आबादी को रोजगार भी उपलब्ध होता है। बावजूद इसके आजादी के इतने वर्ष बीत जाने के बाद भी देश का बड़ा भूभाग सिंचाई जैसी मूलभूत सुविधा से वंचित है। भारतीय कृषि को पहले भी 'मानसून का जुआ' कहा जाता था, वह आज भी इसी जुमले को चरितार्थ कर रही थी। वर्ष 2014 में आम चुनाव के दौरान नरेंद्र मोदी ने इसको बड़ा मुद्दा बनाया था। लिहाजा उनकी सरकार आने के बाद उन्होंने इस विषय को अपनी योजनाओं के केंद्र में रखा। मई 2014 में केंद्र में नरेंद्र मोदी के नेतृत्व में नई सरकार के सत्तासीन होने तक इन स्थितियों में कोई विशेष बदलाव नहीं हुआ था। सत्ता में आने के तुरंत बाद ही नरेंद्र मोदी के नेतृत्व वाली भाजपा-नीत सरकार ने कृषि क्षेत्र, विशेषकर खेती और किसानी से जुड़ी, इन समस्याओं से मुक्ति दिलाने का लक्ष्य तय किया। केंद्र सरकार ने कृषिक्षेत्र को वर्षा पर आधारित होने के दाग से निजात दिलाने के लिए प्रधानमंत्री कृषि सिंचाई योजना शुरू की। केंद्र सरकार द्वारा इस योजना को शुरू करने का मुख्य उद्देश्य दशकों के प्रयास के बावजूद कृषि योग्य भूमि के बड़े भाग की वर्षा पर आधारित निर्भरता को खत्म करना था। वर्षा के अभाव में प्राय: किसानों को विषम परिस्थितियों का सामना करना पड़ता

था और केंद्र सरकार को बड़ी मात्रा में अनुदान के रूप में सहायता राशि देनी होती थी। 'प्रधानमंत्री कृषि सिंचाई योजना' इन सबसे निपटने के लिए सकारात्मक उद्देश्यों के साथ शुरू की गई एक बेहद जरूरी योजना का नाम है। इस योजना के अंतर्गत पूरे कृषिक्षेत्र को उप जिला, जिला स्तर और राज्य स्तर पर सिंचाई योजना तैयार कर हर खेत तक पानी पहुँचाना और कृषि योग्य भूमि का विस्तार करना है।

कृषि सिंचाई योजना से हर खेत को पानी

इस योजना का उद्देश्य हर खेत के लिए सुनिश्चित सिंचाई का प्रबंधन, जलाशय विकल्प ढूँढ़ना, सतत जल संरक्षण प्रणाली को प्रचलन में लाने के साथ ही भूमि जल स्तर को बढ़ाना और पानी के बहाव को रोककर कृषि उपयोग में लाना है। इस योजना के अंतर्गत जल की उपलब्धता के अनुसार फसलों का चयन और सिंचाई हेतु आधुनिक सिंचाई प्रणाली ड्रिप और स्प्रिंक्लर कार्यक्रम को लागू करना है। योजना को सफल बनाने के लिए केंद्र सरकार के जल संसाधन, नदी विकास एवं गंगा पुनरुद्धार मंत्रालय, ग्रामीण विकास मंत्रालय और कृषि मंत्रालय ने सक्रिय सहभागिता द्वारा जरूरी कार्यक्रम शुरू करने का निर्णय लिया है। योजना के अंतर्गत ग्रामीण विकास मंत्रालय ने मुख्य रूप से मृदा एवं जल संरक्षण के लिए छोटे तालाबों के निर्माण और छोटे बाँधों को बनाए जाने के साथ ही मेंड़ों के निर्माण पर जोर दिया, वह इन कार्यों का क्रियान्वयन राज्य सरकारों के माध्यम से समेकित पनधारा प्रबंधन कार्यक्रमों के अंतर्गत करेगा।

> ***''जल और जमीन दोनों ही कृषि के लिए बेहद महत्त्वपूर्ण हैं, इनपर पर्याप्त ध्यान दिया जाना चाहिए।''***
>
> **—नरेंद्र मोदी**

केंद्र सरकार द्वारा इन कार्यक्रमों के सफल संचालन के लिए वर्ष 2015-16 में पंद्रह सौ करोड़ रुपए की राशि निर्धारित की गई, वही जल संसाधन, नदी विकास एवं गंगा पुनरुद्धार मंत्रालय ने संरक्षित जल को आसानी

से हर क्षेत्र में पहुँचाने के लिए नाली आदि के विकास के साथ ही त्वरित सिंचाई लाभ संबंधित कार्यक्रम तय समय में पूरा करने का निर्णय लिया है। इनके अंतर्गत निचले स्तर तक जल निकाय सृजन, नदियों से लिफ्ट सिंचाई योजना, जल वितरण नेटवर्क तथा उपलब्ध जल-स्रोतों की मरम्मत, पुनः भंडारण और सृजन का कार्य प्राथमिकता से किया जाना जाना है। इन कार्यों के लिए केंद्र सरकार द्वारा 2000 करोड़ रुपए की राशि उपलब्ध कराई गई है। प्रधानमंत्री कृषि सिंचाई योजना के सफल क्रियान्वयन के लिए कृषि मंत्रालय और कृषि एवं सहकारिता विभाग द्वारा वर्षाजल संरक्षण, जल बहाव नियंत्रण कार्य और जल उपलब्धता के आधार पर फसल उत्पादन कृषि वानिकी, चारागाह विकास के साथ ही कृषि जीविकोपार्जन के लिए अनेक कार्यक्रम चलाए जाएँगे। मंत्रालय द्वारा जल उपयोग क्षमता बढ़ाने के लिए सूक्ष्म सिंचाई योजना (ड्रिप, स्प्रिंक्लर, रेन गन आदि) का उपयोग विभिन्न फसलों की सिंचाई के लिए किया जाएगा। इन कार्यक्रमों के संचालन के लिए केंद्रीय मद से वर्ष 2015-16 के लिए 18 सौ करोड़ रुपए की राशि आवंटित की गई है।

राज्य सरकारों को भी देना होगा ध्यान

मानसून पर अत्यधिक कृषि निर्भरता को खत्म करने और हर खेत को पानी पहुँचाने के उद्‌देश्य से शुरू की गई इस योजना को मुकाम तक पहुँचाने के लिए शुरुआती दिनों में केंद्र सरकार ने 50 हजार करोड़ रुपए की राशि आवंटित की थी, जिसे बढ़ाकर वर्ष 2015-16 के लिए 53 हजार करोड़ रुपए कर दिया गया। सरकार ने यह भी तय किया कि भविष्य में जरूरत होने पर इस मद में और भी वृद्धि की जाएगी। योजना के कारगर क्रियान्वयन के माध्यम से केंद्र सरकार का लक्ष्य अत्यधिक फसल उत्पादन के साथ ही देश भर की खाद्य सुरक्षा भी सुनिश्चित करना है। केंद्र सरकार ने योजना के सफल क्रियान्वयन के लिए सांसदों, विधायकों सहित अन्य प्रतिनिधियों का उपयोग करने का भी निर्णय लिया है। सरकार द्वारा इनके

सुझावों को जिला सिंचाई परियोजना में प्रमुखता से शामिल किया जाएगा। योजना के अंतर्गत वर्ष 2015-16 के लिए 13.4 लाख हेक्टेयर कृषि क्षेत्र को सिंचित करने का लक्ष्य निर्धारित किया गया था। इस योजना को राज्यों की सहायता से मूर्त रूप दिए जाने का प्रावधान है। प्रति बूँद प्रति फसल कार्यक्रम के तहत केंद्र सरकार द्वारा उत्तर प्रदेश को मानसून लाभ के तहत 20 करोड़ की राशि आवंटित की गई थी। मई 2016 तक 12 करोड़ की राशि जारी भी कर दी गई। सरकारी आँकड़ों के मुताबिक राज्य की सरकार ने इस राशि का मात्र 2 फीसद ही खर्च किया है, शेष 98 फीसद राज्य सरकार खर्च नहीं कर सकी है। राज्यों के सहयोग से चलने वाली राज्य-सूची की इन योजनाओं की सफलता में राज्य की सरकार को भी केंद्र सरकार के साथ मिलकर काम करने की जरूरत है।

केंद्र सरकार द्वारा किसानों की बेहतरी और कृषि को मुनाफे का उद्यम बनाने की दिशा में निम्नवत् प्रयास किए जा रहे हैं—

कोल्ड चेन परियोजना : सरकार का यह प्रयास गाँव के खेतों को शहरों से जोड़ने की दिशा में काम कर रहा है, जिससे खेती में निवेश की अधिकता हो। इसके तहत ताजे फलों और सब्जियों की पैदावार को राष्ट्रीय और अंतरराष्ट्रीय बाजार से जोड़ने की दिशा में प्रोत्साहित किया जा रहा है। इसके लिए नाबार्ड से आसानी से कर्ज मुहैया कराने की व्यवस्था है। सेवा-कर में भी रियायत दी गई है।

कृषि में कौशल विकास : कृषि एक उदासीन और मजबूरी का उद्यम न होकर मुनाफे का रोजगारपरक उद्यम बने, इसके लिए सरकार द्वारा कृषि में कौशल विकास के तमाम कार्यक्रम चलाए जा रहे हैं। जैविक खेती, रेशम उत्पादन, खादी ग्रामोद्योग के तहत युवाओं को प्रशिक्षित करके उन्हें भारत के परंपरागत उद्योग कृषि से जोड़ने की दिशा में केंद्र सरकार द्वारा व्यापक स्तर पर काम किया जा रहा है।

पूर्वोत्तर राज्यों को कृषि में प्रोत्साहन : आम तौर पर पूर्वोत्तर को लेकर अभी तक बेहद उदासीन रुख रहा है। लेकिन वर्तमान केंद्र सरकार

की योजनाओं की वजह से पूर्वोत्तर की फसलों के भी अच्छे दिन आ गए। पूर्वोत्तर राज्यों में कृषि को बढ़ावा देने के लिए वहाँ की स्थानीय फसलों को तकनीक की मदद से और अधिक कारगर बनाया जाएगा। इसके तहत 2015-16 से 2017-18 तक 400 करोड़ का लक्ष्य रखा गया है। अभी तक के आँकड़ों के मुताबिक 2015-16 में आठ पूर्वोत्तर राज्यों को 112. 11 करोड़ की राशि जारी की गई है।

दाल और तिलहन के समर्थन मूल्य में बढ़ोतरी : किसानों के प्रति अपनी निष्ठा को सिद्ध करते हुए केंद्र सरकार ने दाल और तिलहन के न्यूनतम मूल्य में बढ़ोतरी की है। इस फैसले से किसानों का हित सधेगा और इस प्रकार की कृषि के प्रति लोगों का विश्वास भी बढ़ेगा।

राष्ट्रीय कृषि बाजार एवं मोबाइल एप : तकनीक के इस दौर में हम कृषि को आधुनिक प्रणालियों से लैस किए बिना बाजार से नहीं जोड़ सकते हैं। सरकार ने एकीकृत पोर्टल के माध्यम से मार्च 2018 तक देश की 585 मंडियों को जोड़ने का लक्ष्य रखा गया है। ऐसा करने से प्रतिस्पर्धा भी आएगी और गुणवत्ता के अनुरूप किसानों को उचित मूल्य मिलेगा। तकनीक के माध्यम से किसानों को जागरूक करने एवं उन्हें प्रशिक्षित करने के लिए कृषि मोबाइल एप्प सेवा शुरू की गई है। 19 मार्च, 2016 को जारी किए गए इस एप्प को बेहद कम समय में हजारों की संख्या में किसानों ने इस्तेमाल करना शुरू कर दिया है और इसका लाभ भी ले रहे हैं।

यूरिया की उपलब्धता : कुछ वर्ष पहले यूरिया की उपलब्धता का संकट गंभीर था। किसानों को जरूरत के अनुरूप मात्रा में यूरिया नहीं मिल पाता था। इससे उनका धन, समय और फसल, तीनों नष्ट होते थे। केंद्र सरकार ने किसानों की इस समस्या को बेहद गंभीरता से लिया। सरकार ने नीतिगत बदलाव से यूरिया के उत्पादन में 20 लाख मीट्रिक टन अतिरिक्त बढ़ोतरी करते हुए वर्ष 2015-16 में 245 लाख मीट्रिक टन का उत्पादन कराया, जिससे यूरिया की समस्या पूरी तरह से समाप्त हो गई है। आज हर किसान को आसानी से यूरिया मिल रहा है।

समग्रता में अगर वर्तमान सरकार के कार्यों का मूल्यांकन करें तो कृषि के क्षेत्र में इस सरकार द्वारा जो शुरुआती कदम उठाए गए हैं, वे बेहद दूरगामी एवं किसानों के हित में हैं। तमाम योजनाओं के द्वारा सरकार किसानों को कृषि से जुड़े रहने के लिए प्रेरित कर रही है और कृषि को लाभकारी बनाने की दिशा में ठोस उपायों को अमलीजामा पहना रही है।

(लेखक वरिष्ठ पत्रकार एवं स्तंभकार हैं, वर्तमान में शिक्षा क्षेत्र से जुड़े हुए हैं। मूलतः उत्तर प्रदेश के रहनेवाले हैं।)

किसानों के लिए वरदान प्रधानमंत्री फसल बीमा योजना

अनिल पांडेय

पिछले लोकसभा चुनाव के दौरान प्रधानमंत्री नरेंद्र मोदी, जब अपनी सभाओं में किसानों की तकदीर बदलने की बात करते थे तो लोगों को लगता था कि यह महज एक चुनावी नारा है। आखिर लगे भी क्यों न? आजादी के बाद की सरकारों ने कृषि को अपेक्षित महत्त्व नहीं दिया और देश में किसानों की हालत दिनोदिन खराब ही होती गई। खेती और किसानी की बिगड़ती हालत का अंदाजा इसी से लगाया जा सकता है कि आजादी के समय देश के सकल घरेलू उत्पाद, यानी जी.डी.पी. में कृषि का योगदान तकरीबन 60 फीसद था, जो आज घटकर करीब 14 फीसद हो गया है। प्रधानमंत्री नरेंद्र मोदी खेती और किसानी को उसकी खोई प्रतिष्ठा वापस दिलाना चाहते हैं। यही वजह है कि प्रधानमंत्री बनने के ढाई साल के दौरान नरेंद्र मोदी ने कृषि पर ही सबसे ज्यादा ध्यान दिया है। खेती को लाभकारी बनाने के लिए वे लगातार योजनाएँ बना रहे हैं। भारत में मौसम और मानसून मिलकर किसानों की तकदीर लिखते हैं। किसानों को सबसे ज्यादा नुकसान सिंचाई की असुविधा और प्राकृतिक आपदा से होता है। देश में तकरीबन 40 फीसद खेती की जमीन पर ही सिंचाई की व्यवस्था है। खेती का 60 फीसद हिस्सा आज भी मानसून के भरोसे है। हर खेत को पानी पहुँचाने के मकसद से

प्रधानमंत्री बनते ही नरेंद्र मोदी ने प्रधानमंत्री कृषि सिंचाई योजना की शुरुआत की। बजट में इसका खास प्रावधान किया गया। प्राकृतिक आपदा की मार से किसानों को बचाने के लिए 13 जनवरी, 2016 को प्रधानमंत्री फसल बीमा योजना की शुरुआत की गई। हालाँकि मई 2014 में सत्ता में आने के बाद ही मोदी सरकार ने यह घोषणा की थी कि किसानों के व्यापक हित में वह एक नई 'फसल बीमा योजना' शुरू करेगी।

सुधार के साथ नई शुरुआत

देश की सत्तर फीसद आबादी कृषि पर निर्भर है। मौसम और मानसून में जरा भी बदलाव हुआ तो इसका सीधा असर फसलों की पैदावार और किसानों की जेब पर पड़ता है। कभी सूखा और ओलावृष्टि किसानों की किस्मत पर पानी फेर देती है तो कभी अधिक ठंड और पाले की वजह से किसान की साल भर की मेहनत बरबाद हो जाती है। तब करोड़ों लोगों को भूख से निजात दिलाने वाला हमारा किसान अकेला और असहाय हो जाता है।

> ***"प्रधानमंत्री फसल बीमा योजना को मैं अपने किसानों को सादर समर्पित कर रहा हूँ। मेरा विश्वास है कि किसानों के कल्याण से प्रेरित प्रधानमंत्री फसल बीमा योजना किसानों के जीवन में बड़ा परिवर्तन लाएगी।"***
>
> **—नरेंद्र मोदी**

ऐसे में किसानों को प्रकृति के कहर और मौसम की मार से बचाने तथा आर्थिक सहायता देकर उसके आँसू पोंछने का एक माध्यम है फसल बीमा योजना। वैसे तो 1985 से ही सरकार ने किसानों के लिए फसल बीमा योजना की शुरुआत की थी, लेकिन उसकी खामियों की वजह से किसानों को इसका समुचित और भरपूर लाभ नहीं मिल पा रहा था। इस फसल बीमा योजना में समय-समय पर सुधार भी किए गए। 1999 में फसल बीमा योजना में बदलाव करते हुए इसे 'राष्ट्रीय कृषि बीमा योजना' का नाम दिया गया। 2013 में सभी फसल बीमा योजनाओं को एकीकृत कर राष्ट्रीय फसल बीमा कार्यक्रम का निर्माण किया।

बाद में इसमें और परिवर्तन कर इसे संशोधित कर 'राष्ट्रीय कृषि बीमा योजना' नाम दिया गया। बावजूद इसके किसानों का इसका बहुत लाभ नहीं मिल पा रहा था। इसका अंदाजा इसी से लगाया जा सकता है कि इन तमाम योजनाओं के शुरू होने के तीन दशक बाद भी करीब 23 फीसद फसल योग्य क्षेत्र ही बीमित हो सका है। लिहाजा नरेंद्र मोदी सरकार ने किसानों के हित को देखते हुए एक नई समग्र फसल बीमा योजना का शुभारंभ किया है। एक सवाल उठता है कि पुरानी योजनाओं में क्या दिक्कत थी, जो उन्हें बंद किया गया? इसका जवाब स्पष्ट होना जरूरी है। दरअसल पुरानी योजनाओं में प्रीमियम ज्यादा और नुकसान कवर कम मिल रहा था। ज्यादा जोखिम वाले क्षेत्रों में ज्यादा प्रीमियम देना पड़ता था। प्रीमियम में भिन्नता और भुगतान में देरी भी एक बड़ी वजह थी। अब 'प्रधानमंत्री फसल बीमा योजना' को पुरानी फसल बीमा योजना की खामियों और जटिलताओं को दूर करते हुए अधिक किसान हितकारी बनाया गया है। कृषि विशेषज्ञों द्वारा इसे आजादी के बाद किसानों के हित में उठाया गया क्रांतिकारी कदम बताया जा रहा है। इस योजना में किसानों के लिए बीमा प्रीमियम बहुत कम रखा गया है। खाद्यान्न और तिलहन के लिए यह प्रीमियम अधिकतम 2 फीसद है, जबकि बागवानी और वाणिज्यिक फसलों के लिए यह प्रीमियम 5 फीसद है। खरीफ फसल के लिए किसान को बीमित राशि का 2 फीसद और रबी के लिए 1.5 फीसद प्रीमियम देना होगा। बाकी राशि सरकार सब्सिडी के रूप में देगी। जबकि पिछली बीमा योजना में यह प्रीमियम तकरीबन 8 से 10 फीसद तक हुआ करता था और मुआवजा अब के मुकाबले करीब आधा मिलता था। नई फसल बीमा योजना में बीमा दायरे में फसली रकबा 194 करोड़ 40 लाख मिलियन हेक्टेयर रखा गया है और इसके लिए सरकार को हर साल करीब 8800 करोड़ रुपए खर्च करने होंगे। विशेषज्ञों के अनुसार, इस योजना में फसल प्रीमियम के लिए उच्च सब्सिडी दर भी अंतरराष्ट्रीय मानकों के अनुरूप ही तय की गई है। इस योजना के लिए केंद्र सरकार ने 2016-17 का बजट 5,550 करोड़ रुपया आवंटित किया है, जो राज्यों के माध्यम से प्रयोग में लाया जाएगा।

किसानों के हित में अनेक प्रावधान

प्रधानमंत्री फसल बीमा योजना में ऐसे तमाम नए प्रावधान किए गए हैं, जिनसे किसानों को किसी भी प्रकार से हानि होने पर भरपूर मुआवजा मिलेगा। पहले मुआवजे की सीमा सीमित थी। इस योजना में खेतों में खड़ी फसल को होनेवाले नुकसान से बचाने का प्रावधान भी किया गया है। नई फसल बीमा पॉलिसी में आग लगने, बिजली गिरने, तूफान व आँधी आने, ओलावृष्टि, बवंडर, बाढ़, जलभराव, भू-स्खलन, सूखा और फसलों में रोग आदि जैसे जोखिम को शामिल किया है। मौसम की विपरीत परिस्थितियों के चलते कई बार किसानों को फसलों की बुआई पर अधिक खर्च करने पड़ते हैं, जिससे खेती की लागत बढ़ जाती है। तो ऐसे किसानों को यह अधिकार दिया गया है कि वे बीमित राशि के अधिकतम 25 फीसद राशि के हरजाने का दावा कर सकते हैं। इसके अलावा बीमित किसान यदि प्राकृतिक आपदा के कारण बुआई नहीं कर पाता तो भी वह हरजाने का दावा कर सकता है। जिसका भुगतान बीमा कंपनियों को करना होगा। नई योजना में ओलावृष्टि, जलभराव और भू-स्खलन जैसी आपदाओं को अब स्थानीय आपदा माना जाएगा। पुरानी योजनाओं के तहत यदि किसान का खेत पानी में डूब जाता था तो किसान को मिलने वाली दावा राशि इस बात पर निर्भर करती थी कि यूनिट ऑफ इंश्योरेंस यानी गाँव में कुल नुकसान कितना हुआ है ? इसकी वजह से कई बार नदी-नाले के किनारे स्थित खेतों में नुकसान के बावजूद प्रभावित किसान को मुआवजा नहीं मिल पाता था। लेकिन प्रधानमंत्री फसल बीमा योजना में इसे स्थानीय हानि मानकर और प्रभावित किसानों का सर्वे कराकर उन्हें मुआवजे की राशि का शीघ्र भुगतान करने का प्रावधान है।

दाने-दाने की आर्थिक सुरक्षा का संकल्प

कई बार फसल की कटाई के दौरान बारिश आदि की वजह से भी किसानों को बहुत नुकसान हो जाता है। नई फसल बीमा योजना में कटाई के बाद होनेवाले नुकसान को भी बीमा के दायरे में रखा गया है। इसके

लिए फसलों को कटाई के बाद सूखने के लिए मैदान में रखने के संबंध में अधिकतम 14 दिनों की अवधि के लिए यह बीमा उपलब्ध कराया जाएगा। बीमा योजना के दायरे में उन अधिसूचित स्थानों की फसलों को भी रखा गया है, जिन स्थानों पर आँधी-तूफान, भू-स्खलन आदि जैसे जोखिम स्थानीय स्तर पर होते रहते हैं। नई योजना में सरकार ने सब्सिडी में कोई उच्च सीमा नहीं रखी है। इसके पहले प्रीमियम दरों पर अधिकतम सीमा का प्रावधान था, जिसके कारण किसानों को कम मुआवजे का भुगतान हो पाता था। यह अधिकतम सीमा सरकार की प्रीमियम सब्सिडी की सीमा के मद्देनजर निर्धारित की गई थी। अब इस अधिकतम सीमा को समाप्त कर दिया गया है और किसानों को बीमित रकम का पूरा हिस्सा बिना किसी कटौती के प्राप्त होगा। इससे किसानों को फसल की पूरी कीमत वसूल हो जाएगी।

आधुनिक तकनीक से किसानों को सुविधा

नई योजना में विज्ञान और प्रौद्योगिकी का भरपूर इस्तेमाल किया जाएगा। स्मार्ट फोनों के जरिए फसल कटाई व नुकसान आदि के आकलन का आँकड़ा अपलोड किया जाएगा, ताकि किसानों को दावे का भुगतान करने में कम-से-कम समय लगे। नई योजना में प्रौद्योगिकी का इस्तेमाल अनिवार्य करने से बीमा भुगतान के संचालन की कुशलता और कार्यप्रणाली में भी सुधार होगा। इससे किसानों, बीमा एजेंसियों, विशेषज्ञों और बीमा क्षेत्र से संबंधित हितधारकों को बहुत लाभ होगा। सभी राज्यों को नई फसल बीमा को अनिवार्य रूप से लागू करना होगा। इससे बड़े पैमाने पर किसानों को लाभ होगा। केंद्र सरकार की योजना अगले पाँच सालों में फसल बीमा का रकबा मौजूदा 23 फीसद से बढ़ाकर 50 फीसद करने का है। देश में हर साल प्राकृतिक आपदा की वजह से हजारों एकड़ फसलें बरबाद हो जाती हैं और लाखों किसान भुखमरी के कगार पर पहुँच जाते हैं। 'प्रधानमंत्री फसल बीमा योजना' ऐसे किसानों के लिए वरदान साबित होगी। भारत सरकार ने हाल ही में बेहतर प्रशासन, समन्वय, जानकारी के समुचित प्रचार-प्रसार और पारदर्शिता के लिए

एक बीमा पोर्टल शुरू किया है। एक एंड्रॉयड आधारित 'फसल बीमा एप्प' भी शुरू किया गया है, जो फसल बीमा, कृषि सहयोग और किसान कल्याण विभाग (डी.ए.सी. एवं परिवार कल्याण) की वेबसाइट से डाउनलोड किया जा सकता है।

हासिल हुआ किसानों का विश्वास

यह योजना इस लिहाज से भी सफल मानी जा सकती है, क्योंकि इस योजना का लाभ लेने वाले किसानों की संख्या में तेजी से इजाफा देखा जा रहा है। एक आँकड़े के अनुसार वर्ष 2016-17 के खरीफ सत्र में लगभग 3.15 करोड़ किसानों ने इस बीमा योजना को लिया है। इन आँकड़ों से स्पष्ट होता है कि यह योजना किसानों के बीच अपना विश्वास हासिल करने में कामयाब हुई है। कृषि मंत्रालय के संयुक्त सचिव आशीष भूटानी के माध्यम से आई मीडिया रिपोर्ट्स में इस बात का जिक्र है कि पहले की तुलना में फसल बीमा के प्रति किसानों के विश्वास में बढ़ोतरी हुई है।

(लेखक वरिष्ठ पत्रकार हैं और जनसत्ता, स्टार न्यूज, तथा द संडे इंडियन में कार्यरत रहे हैं। मूलतः उत्तर प्रदेश के रहनेवाले हैं।)

मृदा स्वास्थ्य कार्ड योजना से बढ़ेगा फसल उत्पादन

शिवानंद द्विवेदी

26 फरवरी, 2015 को राजस्थान के सूरतगढ़ से प्रधानमंत्री नरेंद्र मोदी द्वारा 'मृदा स्वास्थ्य कार्ड योजना' का शुभारंभ किया गया था। इस योजना के तहत फिलहाल तीन वर्षों में देश के 14 करोड़ किसानों को मृदा स्वास्थ्य कार्ड उपलब्ध कराने का लक्ष्य निर्धारित है, जिससे कि वे अपनी कृषि योग्य भूमि के स्वास्थ्य के विषय में अवगत और जागरूक रह सकें। अगर गौर करें तो देश के कुछेक राज्यों में तो ऐसी योजना काफी पूर्व से संचालित थीं, लेकिन केंद्र में यह पहली सरकार है, जिसने धरती के, मिट्टी के स्वास्थ्य के विषय में इतनी गंभीर पहल की है। इस संबंध में एक दिलचस्प तथ्य यह भी है कि सन् 2003-04 में मृदा स्वास्थ्य कार्ड योजना की शुरुआत करनेवाला देश का पहला राज्य गुजरात है, तब वहाँ के मुख्यमंत्री नरेंद्र मोदी थे। उल्लेखनीय है कि गुजरात की जो कृषि आय 2001 में चौदह हजार करोड़ थी, 2003 में इस योजना के लागू होने के बाद से वह बढ़कर 2010-11 तक अस्सी हजार करोड़ हो गई। स्पष्ट है कि मृदा स्वास्थ्य कार्ड के बाद गुजरात का कृषि उत्पादन बढ़ा, जिसके कारण राज्य की कृषि आय में इतना इजाफा हुआ। कहने की आवश्यकता नहीं कि गुजरात में इस योजना की सफलता को देखते हुए ही जब नरेंद्र मोदी देश के प्रधानमंत्री बने तो उन्होंने इसे राष्ट्रीय स्तर पर लागू किया।

ताकि मिट्टी की सेहत में हो सुधार

इसी क्रम में अब यह समझना आवश्यक है कि मृदा स्वास्थ्य कार्ड योजना क्या है और इसकी आवश्यकता क्यों है ? दरअसल किसी भी फसल का अधिकाधिक उत्पादन मुख्यत: इस बात पर निर्भर करता है कि जिस खेत की बुवाई हो रही है, उसकी मिट्टी में उपज के लिए आवश्यक पोषक तत्त्वों की मौजूदगी का स्तर कैसा है। ज्ञात हो कि मिट्टी में मुख्य रूप से नौ ऐसे मूल्यवान पोषक तत्त्व होते हैं, जो उसे उपजाऊ बनाते हैं। इन तत्त्वों के अभाव या असंतुलित मात्रा में होने की स्थिति में संबंधित भूमि का उत्पादन स्तर गिर जाता है। अब चूँकि खेती के दौरान किसानों द्वारा जानकारी के अभाव में अधिक उत्पादन और फसल को सुरक्षित रखने के उद्देश्य से अंधाधुंध रासायनिक उर्वरकों व कीटनाशकों का प्रयोग करने तथा बिना मिट्टी (मृदा) की सेहत की परवाह किए लगातार उत्पादन करते रहने के कारण संबंधित भूमि की मिट्टी से इन पोषक तत्त्वों का क्षरण होता जाता है, इस प्रकार वह भूमि पहले जैसी उपजाऊ नहीं रह जाती। यह स्थिति इसलिए आती है कि किसान को पता ही नहीं होता कि उसके खेत की मिट्टी में किन पोषक तत्त्वों की कमी हो रही है और उस कमी को कैसे दूर किया जा सकता है, जिस कारण वह उनकी पूर्ति की दिशा में प्रयास नहीं कर पाता। भारत में मिट्टी में पोषक तत्त्वों की कमी की इस समस्या पर वैज्ञानिकों द्वारा भी चिंता जताई जाती रही है। यहाँ तक कहा गया था कि अगर मिट्टी में पोषक तत्त्वों की कमी ऐसे ही होती रही तो दशक भर में देश में यह अकाल का कारण भी बन सकती है। ऐसे में, इस समस्या के मद्देनजर मोदी सरकार द्वारा राष्ट्रीय स्तर पर मृदा स्वास्थ्य कार्ड योजना की शुरुआत की गई है। इसका मुख्य उद्देश्य मिट्टी, यानी मृदा में आवश्यक पोषक तत्त्वों की कमी तथा उसको दूर करने के उपायों के प्रति किसानों को मृदा

> ***''मिट्टी के स्वास्थ्य पर जोर देने से उत्पादकता बढ़ेगी। कृषिक्षेत्र को बल मिलेगा और किसान भाइयों को संपन्नता मिलेगी।''***
>
> **—नरेंद्र मोदी**

स्वास्थ्य कार्ड जैसी एक वैज्ञानिक विधि के द्वारा जागरूक रख मिट्टी की सेहत को दुरुस्त रखना है।

इस योजना की कार्यप्रणाली पर गौर करें तो इसके तहत किसानों को मृदा स्वास्थ्य कार्ड वितरित किए जा रहे हैं, जो कि उनकी कृषि योग्य भूमि के परीक्षण पर आधारित हैं। परीक्षण के जरिए संबंधित भूमि में मौजूद पोषक तत्त्वों की सही मात्रा का आकलन करने के बाद, उसके अनुसार उर्वरकों की उचित मात्रा का निर्धारण कर किसानों को आवश्यक उर्वरकों के उपयोग की सलाह दी जाती है। ये सब विवरण किसान को दिए जानेवाले मृदा स्वास्थ्य कार्ड पर कृषि से संबंधित संकेतों और कृषि से जुड़ी पारिभाषिक शब्दावली में अंकित होते हैं, जिन्हें किसान आसानी से समझ सकते हैं। सीधे शब्दों में कहें तो इन कार्डों पर किसानों की कृषि योग्य भूमि में आवश्यक पोषक तत्त्वों की कमी को रेखांकित कर तथा उस कमी को दूर करने के लिए आवश्यक उर्वरकों का मात्रा सहित उल्लेख किया जाता है। मृदा परीक्षण करके यह कार्ड जारी करने के लिए देश के सभी राज्यों के जिलों में मृदा प्रयोगशालाएँ स्थापित करने का लक्ष्य रखा गया है। इसके लिए कृषि विशेषज्ञों से लेकर कृषि विद्यार्थियों तक की सेवा लेना सुनिश्चित किया गया है।

किसानों को मिला लाभ

मोदी सरकार की इस योजना का जमीनी स्तर पर किसानों को मिल रहे लाभ को समझने के लिए यह उदाहरण उल्लेखनीय होगा। त्रिपुरा के पश्चिमी त्रिपुरा जिले के एक किसान प्रबीर देबनाथ, जो कि पारंपरिक रूप से धान की खेती करते हैं, ने वर्ष 2014-15 में बिना किसी मृदा परीक्षण के अपनी पारंपरिक जानकारी के अनुसार धान की अधिक उपज देने वाले रासायनिक उर्वरक का प्रयोग किया। उन्होंने जिस अनुपात में वह उर्वरक इस्तेमाल किया, उसका मूल्य प्रति हेक्टेयर 5314 रुपए पड़ा। लेकिन वर्ष 2015 में जब मोदी सरकार ने राष्ट्रीय स्तर पर मृदा स्वास्थ्य कार्ड योजना की शुरुआत की, तो एक दिन उनके इलाके में भी मृदा परीक्षण शिविर का आयोजन हुआ, जिसमें उन्होंने भाग लिया। इसके मात्र पंद्रह दिनों के बाद उन्हें उनके आवास पर

ही एक स्थानीय ग्राम सेवक के जरिए मृदा स्वास्थ्य कार्ड प्राप्त भी हो गया। कार्ड लेकर आनेवाले व्यक्ति ने उन्हें उसके विषय में पूरी जानकारी दी तथा उसके अनुप्रयोग के विषय में समझाया। साथ ही, उन्हें अपने कार्यालय पर भी आने को कहा, ताकि वहाँ से वे कार्ड पर प्रस्तावित वह रासायनिक उर्वरक ले सकें, जिनकी उन्हें धान की खेती के लिए आवश्यकता है। प्रबीर देबनाथ पहले जिस मात्रा में रासायनिक उर्वरकों का उपयोग करते थे, उसकी अपेक्षा मृदा स्वास्थ्य कार्ड पर काफी कम मात्रा में उन उर्वरकों के उपयोग की आवश्यकता बताई गई थी। प्रबीर ने वैसा ही किया और इस तरह पहले जो रासायनिक उर्वरक उन्हें 5314 रुपए का पड़ा था, मात्रा कम हो जाने से अब वो 3905 रुपए में ही मिल गया और प्रबीर को 1409 रुपए की शुद्ध बचत हुई। इतना ही नहीं, कार्ड पर प्रस्तावित मात्रा में उर्वरकों के इस्तेमाल से उनके खेत की मिट्टी की सेहत भी सुधरी और परिणामतः धान का उत्पादन प्रति हेक्टेयर 2850 किग्रा. से बढ़कर 3120 किग्रा. हो गया। इस प्रकार प्रबीर देबनाथ आज अपने पूरे इलाके के लिए प्रेरणास्रोत बन चुके हैं।

इस उदाहरण से स्पष्ट है कि मृदा स्वास्थ्य कार्ड योजना का देश के किसानों को पूरी तरह से जमीनी स्तर पर ठोस लाभ मिल रहा है। न केवल मिट्टी का स्वास्थ्य सुधर रहा है, बल्कि उत्पादन भी बढ़ रहा है और उत्पादन बढ़ने से स्वाभाविक रूप से किसानों के लिए हालात अनुकूल हो रहे हैं। इसे किसानों के अच्छे दिन के रूप में देखना गलत नहीं होगा। विचार करें तो मृदा स्वास्थ्य कार्ड योजना का लाभ बहुआयामी है। इससे न केवल किसानों की फसलों का उत्पादन स्तर बढ़ेगा, बल्कि राष्ट्रीय आय में कृषि का योगदान, जो अब काफी कम हो चुका है, वह भी बढ़ेगा। यह देश की अर्थव्यवस्था के लिए अत्यंत लाभकारी होगा। कहना गलत नहीं होगा कि प्रधानमंत्री मोदी द्वारा जिस सोच के साथ इस योजना का राष्ट्रीय स्तर पर शुभारंभ किया गया था, वो सोच धीरे-धीरे जमीनी स्तर पर साकार होती दिख रही है।

(लेखक डॉ. श्यामाप्रसाद मुखर्जी शोध अधिष्ठान में शोधार्थी हैं। मूलतः उत्तर प्रदेश के रहनेवाले हैं।)

मिसाल बनती दीनदयाल उपाध्याय ग्राम ज्योति योजना

हर्षवर्धन त्रिपाठी

मई 2014 में भाजपा–नीत नरेंद्र मोदी की सरकार आई, तो सबसे बड़ा सवाल यही था कि किसके अच्छे दिन आएँगे और कब आएँगे। अच्छे दिनों का हर किसी का पैमाना अलग है और इसी लिहाज से हर कोई अच्छे दिन आ गए या आनेवाले हैं, की बात कर सकता है। लेकिन इतना जरूर है कि ग्रामीण भारत के सशक्तीकरण, समृद्धि की इतने सलीके से चिंता करनेवाली यह पहली सरकार है। ढेर सारी ऐसी योजनाएँ हैं, जिसके आधार पर मजबूती से ये बहस की जा सकती है कि यह सरकार देश के गाँवों के लिए क्या कर रही है। और इस सबमें एक योजना ऐसी है, जो चमत्कारिक कही जा सकती है। सिर्फ योजना चमत्कारिक नहीं है। इसे पूरा करने की रफ्तार भी चमत्कारिक है। प्रधानमंत्री नरेंद्र मोदी ने जब सत्ता सँभालने के साल भर बाद कहा कि देश के सभी गाँवों में अगले 1000 दिनों में बिजली पहुँचा दी जाएगी। तो भारत में पिछली सरकारों के काम करने के तरीके के आधार पर यह न पच पाने जैसा ऐलान था। खैर, 'दीनदयाल उपाध्याय ग्राम ज्योति योजना' कैसे और किस तेजी से काम कर रही है, इसकी चर्चा में आगे करूँगा। पहले यह बात कर लें कि आखिर प्रधानमंत्री को इस योजना की जरूरत क्यों पड़ी?

आजादी के 67 साल बाद 21वीं सदी में जब दुनिया के कई देश अलग-अलग मोर्चों पर तरक्की की योजना बना रहे थे, तो भारत एक बड़ी मुश्किल से जूझ रहा था। भारत के अट्ठारह हजार चार सौ बावन गाँव ऐसे थे, जहाँ बिजली नहीं पहुँच सकी थी। इसी से समझा जा सकता है कि भारत में पिछली सरकारों ने जो भी योजना बनाई होगी, उसकी खानापूर्ति किस तरह से की गई होगी। क्योंकि बिना बिजली के गाँव में खेती से लेकर कंप्यूटर, संचार क्रांति तक क्या हो सकता है, इसकी कल्पना आसानी से की जा सकती है। दरअसल हिंदुस्तान में पिछली सरकारों ने बड़े लक्ष्य के आधार पर बहुत कुछ तय ही नहीं किया। इसीलिए हर गाँव में बिजली जैसी सरकारी योजना हो और उसे पूरा करने का बीड़ा खुद प्रधानमंत्री उठाए, यह सोचा भी नहीं जा सकता था। मैं उत्तर प्रदेश के प्रतापगढ़ जिले की कुंडा तहसील की ग्रामसभा सिया के चंदई का पुरवा से हूँ। मुझे याद है कि मेरे अपने गाँव में 1971 में हमारी ट्यूबवेल के लिए बिजली दी गई थी और उसके लिए हमारे बाबा जो रेलवे सर्विस कमीशन, इलाहाबाद में थे, उन्होंने कितनी मशक्कत की थी। लेकिन वह बिजली सिर्फ ट्यूबवेल के लिए मिली थी। घर में बल्ब जलने में उसके बाद भी काफी समय लग गया। और साढ़े चार दशक पहले खेती के ट्यूबवेल के लिए भी बिजली हासिल करने के लिए किसी बड़े नेता से संपर्क पहली शर्त थी। मुझे याद है कि अभी भी जब मैं प्रतापगढ़ में अपने कई रिश्तेदारों के यहाँ जाता हूँ, तो बिजली के बिना ही वे अपनी जिंदगी चला रहे हैं। 4जी की संचार क्रांति के युग में देश के अट्ठारह हजार चार सौ बावन गाँव अभी तक बिना बिजली के थे।

''विकास का लाभ तब तक आम जनता तक नहीं पहुँच सकता है, जब तक देश के प्रत्येक परिवार के घर तक बिजली नहीं पहुँच जाती। वैश्वीकरण के समय में ऊर्जा उत्पादन में अग्रणी बनने और कनेक्टिविटी पहुँचाने के अलावा हमारे पास दूसरा कोई विकल्प नहीं है।''

—नरेंद्र मोदी

इसी से समझा जा सकता है कि इस सबसे जरूरी मोर्चे पर पिछली सरकारों ने कितना निराशाजनक काम किया है। यही वजह रही कि प्रधानमंत्री नरेंद्र मोदी को यह जरूरी लक्ष्य प्राथमिकता से अपने हाथ में लेना पड़ा।

हर घर में 'उजाला' पहुँचाने का मिशन

25 जुलाई, 2015 को पटना में प्रधानमंत्री नरेंद्र मोदी ने 'दीनदयाल उपाध्याय ग्राम ज्योति योजना' का विधिवत् शुभारंभ किया। उसी दिन उत्तर प्रदेश के बस्ती जिले में ऊर्जा मंत्री पीयूष गोयल ने इसी योजना की शुरुआत की। पीयूष गोयल ने ऊर्जा मंत्री के तौर पर प्रधानमंत्री की इस बेहद महत्त्वपूर्ण योजना की साख बरकरार रखी है। छिहत्तर हजार करोड़ रुपए के बजट वाली यह योजना मोदी सरकार की साख तो है ही, ग्रामीण भारत को दुनियावी गाँव का हिस्सा बनाने की जरूरी शर्त भी। 23 अगस्त, 2016 तक दस हजार छियासी गाँवों तक बिजली पहुँचा दी गई है। अब सवाल यह है कि क्या इतनी तेजी से कोई सरकारी योजना लागू की जा सकती है। इसका अंदाजा लगाने का सबसे अच्छा तरीका मुझे समझ में आया कि इस योजना को लागू करनेवाली एजेंसी के दफ्तर में कुछ घंटे बिताया जाए। संयोगवश बस्ती के सांसद हरीशचंद्र द्विवेदी से चर्चा की, तो उन्होंने कहा, चलिए मेरे साथ। बस्ती संसदीय क्षेत्र से ही ऊर्जा मंत्री पीयूष गोयल ने इस योजना की शुरुआत की है। इस योजना को पूरा करने का जिम्मा आर.ई.सी. यानी रूरल इलेक्ट्रीफिकेशन कॉरपोरेशन लिमिटेड पर है। आर.ई.सी. के दफ्तर में आपको एक अलग ही कलेंडर दिखेगा, जिस पर कोई संख्या लिखी हुई है। दरअसल यह 1000 दिनों वाला कलेंडर है और पूरे रूरल इलेक्ट्रीफिकेशन के दफ्तर में हर बीतते दिन के साथ सभी मेजों पर रखे इस कलेंडर में भी एक दिन कम हो जाता है। हर दिन कितने गाँव में, कितना काम हुआ, इसकी सीधी देख-रेख की जाती है। उस दफ्तर में करीब 4 घंटे बिताने के बाद मुझे समझ में आया कि यह कितनी बड़ी सरकारी योजना भारतीय गाँवों की खुशहाली की बुनियाद तैयार कर रही

है। इसीलिए मैं कह रहा हूँ कि 'दीनदयाल उपाध्याय ग्राम ज्योति योजना' पूरी होनेवाली दुनिया की सबसे बड़ी योजना साबित होगी। इस दिशा में केंद्र सरकार की 'उजाला' योजना को भी बेहतर प्रयोग के तौर पर देखा जा सकता है। कम बिजली की खपत एवं आम लोगों के ऊपर बिजली बिल का बोझ कम करने के लिए सरकार द्वारा 'उजाला' योजना लाई गई है। इसके तहत केंद्र सरकार ने एल.ई.डी. तकनीक से बने बल्बों के इस्तेमाल को बढ़ावा देने का लक्ष्य रखा गया है। एल.ई.डी. बल्ब आम बल्बों की तुलना में बेहद कम बिजली की खपत करते हैं। केंद्र सरकार ने वर्ष 2019 तक 77 करोड़ बल्ब बदले जाने का लक्ष्य रखा है। इससे लगभग 40 हजार करोड़ रुपए की बचत की संभावना है। इस दिशा में काम करते हुए भाजपा-नीत केंद्र सरकार की पहल पर 10 अक्तूबर, 2016 तक लगभग 16.89 करोड़ बल्ब वितरित किए गए हैं, जिससे एक दिन में तकरीबन 24 करोड़ की बचत हो रही है। विद्युत् ऊर्जा का सदुपयोग करने के साथ-साथ आम जनता की जेब का बोझ कम करने की दिशा में उजाला योजना बेहद कारगर प्रतीत होती है।

जमीन पर दिखने लगा है असर

रूरल इलेक्ट्रीफिकेशन कॉरपोरेशन के दफ्तर में दिख रही हलचल जमीन पर कितनी खरी है, पर इसका अंदाजा लगाने के लिए मैं बस्ती शहर से 28 किलोमीटर दूर रुदौली नगर पंचायत क्षेत्र के मुड़ियार गाँव गया। इस गाँव में बिजली नहीं थी। इस ग्रामसभा में कुल 11 पुरवे हैं, जिसमें से सिर्फ 1 पुरवा में बिजली थी। मुड़ियार के किसान रवि प्रताप सिंह ने बताया कि बिजली आने के बाद हमें सबसे बड़ा फायदा तो खेती में ही हुआ है। हमने बिजली से चलने वाला पंप लगवा लिया है। अभी तक हमारे यहाँ टी.वी. बैटरी से चलता था, इसीलिए हम लोगों ने कलर टी.वी. भी नहीं लगवाया था। बिजली आने के बाद हमारे गाँव में रंगीन टी.वी. आई। हमारी दुनिया रंगीन हो गई और हम पूरी दुनिया से जुड़ गए। हमारे घरों में पंखे

लग गए हैं। हमारे बच्चे भी अब रोशनी में ज्यादा अच्छी तरह पढ़ पाते हैं। पहले गाँव में मोबाइल चार्ज करना भी एक बड़ी मुश्किल थी। बैटरी से ही मोबाइल चार्ज करना पड़ता था। अब मोबाइल, इंटरनेट ने गाँव के लोगों को ग्लोबल विलेज का हिस्सा बना दिया है। आजादी के करीब 7 दशक बीतने के बाद यह एक गाँव के परिवार की दुनिया रंगीन कर देने भर की योजना नहीं है। ये योजना है, भारत के रोशन गाँवों के दुनिया के साथ चमकने की। और यह लक्ष्य पूरा होता दिख रहा है। 'दीनदयाल उपाध्याय ग्राम ज्योति योजना' को लागू करते समय ही सरकार ने कुछ लक्ष्य तय किए। और वे लक्ष्य ऊपर के उदाहरण से काफी हद तक पूरे होते दिख रहे हैं।

योजना का लाभ किसानों को

'दीनदयाल उपाध्याय ग्राम ज्योति योजना' पूरी होने के बाद देश में कोई भी गाँव और गाँव का कोई भी घर बिना बिजली के नहीं रहेगा। इसका सबसे बड़ा फायदा खेती को मिलने वाला है। सरकार का लक्ष्य है कि इससे प्रति एकड़ पैदावार बढ़ाई जाए। प्रधानमंत्री नरेंद्र मोदी के महत्त्वाकांक्षी किसान की आमदनी दोगुना करने के लक्ष्य को हासिल करने में भी यह मददगार होगा। हर घर में बिजली और गाँव में बिजली पहुँचने से ग्रामीण अर्थव्यवस्था पर आधारित छोटे और घरेलू उद्योग को बढ़ावा मिलेगा। गाँव में उद्यमिता बेहतर होने से लोगों को गाँव में ही रोजगार मिल सकेगा। कितनी बार खबर आती है कि बिजली न होने से किसी प्राथमिक स्वास्थ्य केंद्र में मरीज को प्राथमिक स्वास्थ्य सुविधा तक ठीक से न मिल सकी। इससे प्राथमिक स्वास्थ्य सुविधा बेहतर होगी। साथ ही शिक्षा का स्तर भी बेहतर करने में मदद मिलेगी। अभी जिन गाँवों में बिजली नहीं है, वहाँ सूरज की रोशनी गई मतलब पढ़ाई बंद। सरकार हर किसी का खाता खुलवा रही है। और बैंकिंग सुविधा हर गाँव तक पहुँचाने की कोशिश कर रही है। बिजली पहुँचने से गाँव में भी एटीएम की सुविधा मिल सकेगी। गाँव वाले भी बिना बैंक गए रकम निकाल सकेंगे। सूचना और मनोरंजन

के साधन बेहतर होंगे। रेडियो, टी.वी., इंटरनेट, मोबाइल गाँव की जिंदगी का नियमित हिस्सा बनेंगे। गाँव में बिजली पहुँचने से सुरक्षा बेहतर होगी। पुलिस के लिए भी सहूलियत होगी। पुलिस थाने के साथ ही पंचायतघर भी रोशन होंगे। कुल मिलाकर दीनदयाल उपाध्याय ग्राम ज्योति योजना से गाँवों में बसने वाले भारत को तरक्की मिलने के साथ दुनिया के साथ हर मोर्चे पर बराबरी से कदमताल करने का अवसर मिल सकेगा।

(लेखक वरिष्ठ पत्रकार एवं स्तंभकार हैं। कई मीडिया संस्थानों में वरिष्ठ पदों पर रहे हैं। मूलतः उत्तर प्रदेश के रहनेवाले हैं।)

रेलवे में बहुआयामी सुधारों का दौर

अष्टानंद पाठक

एक महिला अपने छह महीने के बच्चे को लेकर देवरिया से दिल्ली के लिए ट्रेन से निकलती है। ट्रेन के लखनऊ से निकलते ही उसके छोटे से बच्चे से जुड़ी किसी जरूरी सामग्री की जरूरत पड़ती है। उसे जब कुछ नहीं सूझता तो वह अपने पति को फोन करती है। उसका पति तुरंत रेल मंत्रालय अथवा मंत्री को समस्त विवरण के साथ अपनी समस्या को ट्वीट कर देता है। ट्रेन के कानपुर पहुँचते ही रेल प्रशासन द्वारा उसके बच्चे के लिए जरूरी सामग्री उपलब्ध करवा दी जाती है। भारत जैसे लोक-कल्याणकारी राज्य में अच्छे दिन का वास्तविक अर्थ हाल में संज्ञान में आए ऐसे अनेक उदाहरणों से हम समझ सकते हैं।

सबका साथ-सबका विकास और अच्छे दिन लाने के वादे और इरादे के साथ वर्तमान केंद्र सरकार ढाई साल पहले सत्ता में आई थी। ढाई वर्ष का समय बीत जाने पर निश्चय ही यह जिज्ञासा होती है कि सार्वजनिक सेवाओं, सरकार की नीतियों, उनके अनुपालन और आम लोगों के जीवन में अच्छे दिन आए या नहीं और अगर आए भी तो कैसे आए, इसका स्वरूप अल्पकालिक है या दीर्घकालिक ? ये सिर्फ लोक-लुभावन घोषणाएँ ही रह गईं या फिर एक दीर्घकालिक सुखद भविष्य की मजबूत आधारशिला रखने की दिशा में भी कुछ हुआ है ? भारत सरकार का सबसे बड़ा उपक्रम रेलवे भी इस सवाल के दायरे से बाहर नहीं है। लगभग 13 लाख कर्मचारी, पैंसठ हजार किलोमीटर

का रेल नेटवर्क, रोजाना बारह हजार तीन सौ पैंतीस रेलगाड़ियाँ, और रोज यात्रा कर रहे 2.5 करोड़ लोग, यह रेलवे जैसे बड़े विभाग एक का छोटा सा पर्याप्त परिचय है। अंग्रेजी में एक कहावत है— *"If you are working for success, you will be a master, but if you are working for satisfaction, you will be a legend."*

भारतीय रेल और प्रधानमंत्री का विजन

प्रधानमंत्री नरेंद्र मोदी ने एक बार कहा था कि रेलवे को भारत की प्रगति और आर्थिक विकास की रीढ़ बनाना ही मेरा विजन है। अब इस सरकार के ढाई साल बीत जाने के बाद यह जानना और समझना बहुत जरूरी है कि सालाना 25 हजार करोड़ का घाटा उठा रहे इस विभाग में इन ढाई सालों में क्या किया गया है, जो इस विजन को पूरा करने की दिशा में एक महत्त्वपूर्ण कदम माना जाए। वर्ष 2016 के बजट में रेलमंत्री द्वारा यात्री की गरिमा और रेल की गति, राष्ट्र की प्रगति के उद्देश्य के लिए उठाए गए कदमों पर चर्चा आवश्यक है।

> ***''गरीबों के लिए सुपरफास्ट ट्रेन की व्यवस्था करते हुए 'अंत्योदय एक्सप्रेस' एवं 'दीन दयालु रेल डिब्बे' की शुरुआत हमारी सरकार की गरीबों के प्रति प्रतिबद्धता को स्पष्ट करती है।''***
>
> **—नरेंद्र मोदी**

यह दुर्भाग्य है कि लंबे समय तक भारत में रेलवे हमेशा से ही राजनीतिक हितों की चपेट में रही। इस विभाग जैसा राजनीतीकरण शायद ही किसी और मंत्रालय का हुआ हो। रेलवे की सेहत का ध्यान रखे बिना हमेशा इसका इस्तेमाल राजनीतिक दलों को खुश करने और जनता को लोक-लुभावन घोषणाओं से संतुष्ट करने का रहा है। इसकी मूल समस्या संरचनात्मक सुधार, पैसे की कमी, भारी स्टाफ का बोझ इत्यादि पर कभी भी गंभीरता से ध्यान ही नहीं दिया गया था। लेकिन कहते हैं कि अच्छे कार्य जब शुरू हों तब अच्छा। रेलवे की बागडोर आज एक सर्वाधिक ज्ञानवान, ऊर्जावान और कार्यकुशल

नेतृत्वकर्ता मंत्री के हाथों में है। जिन्हें इस विभाग की बड़ी बारीक समझ है और वे ऐसी दिशा में काम कर रहे हैं, जिनका सकारात्मक असर आनेवाले समय में पूरे रेलवे का चेहरा बदलकर रख देगा। इसी तर्ज पर इस साल का बजट पेश करते हुए रेलमंत्री ने कहा कि आओ, कुछ नया करें। तो आइए देखते हैं कि रेलवे में आखिर नया क्या हो रहा है?

ई-शासन : संचार, संवाद और समाधान

रेलवे का सबसे पहला उद्देश्य यात्रियों की सुविधा है। सूचना क्रांति के इस दौर ने हर हाथ में मोबाइल पहुँचा दिया और रेलवे ने इसका इस्तेमाल यात्री सुविधाओं के लिए किया। रेलवे का ट्विटर प्रयोग तो इस समय पूरी मीडिया में चर्चा का विषय बना हुआ है। यह अभी शुरुआत है और उम्मीद की जानी चाहिए कि आनेवाले समय में सोशल मीडिया का सकारात्मक कार्यों में इस्तेमाल और मजबूत होगा।

यात्रा के दौरान ई-कैटरिंग की सुविधा शुरू होने पर यात्री अपनी सीट पर ही भोजन प्राप्त कर सकता है। सूचना तकनीक के इन कुशल प्रयोगों से भारतीय रेलवे एक नए दौर में प्रवेश कर गई है। टिकट वितरण प्रणाली को भी काफी सरल और आधुनिक बनाया गया है। जहाँ पूर्व में प्रति मिनट 2000 टिकट तक बुक किए जा सकते थे, वहीं अब प्रति मिनट 7000 तक टिकट बुक किए जा सकते हैं।

अब तो सिर्फ एक फोन कॉल पर कोच में सफाई की भी व्यवस्था की गई है। 24 सितंबर, 2016 को जवाहरलाल नेहरू विश्वविद्यालय के सहायक प्रोफेसर गंगा सहाय मीणा ने अपनी रेल यात्रा का छोटा सा अनुभव अपनी फेसबुक पोस्ट में लिखा, "आज भारतीय रेलवे की एक चमत्कारी सेवा का अनुभव किया। स्लीपर डिब्बे की बेसिन ब्लॉक हो गई थी। दिए हुए नंबर पर मैसेज किया। पाँच मिनट में स्टाफ हाजिर। अगले दस मिनट में बड़ी मशक्कत से समस्या का समाधान हुआ। कुल पंद्रह मिनट में फाइल क्लोज। थैंक्यू इंडियन रेलवे।" प्रधानमंत्री की डिजिटल इंडिया की महत्त्वाकांक्षी परियोजना

को साकार करने में रेलवे ने मजबूती से कदम बढ़ाए हैं। अब ई-समीक्षा के द्वारा बजट में तय किए गए लक्ष्यों की प्रगति का विश्लेषण किया जाना है। मोबाइल संदेश के द्वारा आपके बुक किए गए टिकट की स्थिति और यहाँ तक कि आपको सही समय पर उठने और ट्रेन से उतरने के लिए वेक अप कॉल की नई व्यवस्था शुरू की गई है।

यात्री सुरक्षा का खास खयाल

रेलवे के लिए यात्री सुरक्षा हमेशा के लिए ही एक चुनौती और आलोचना का विषय रहा है। हालाँकि यदि हम सड़क दुर्घटनाओं से इसकी तुलना करें तो रेल यात्रा को काफी सुरक्षित माना जा सकता है। किंतु हमें रेलों को और भी सुरक्षित बनाने की आवश्यकता है। रेल दुर्घटनाओं के मुख्य कारण अकसर सिग्नल का फेल होना, इंटर-लॉकिंग की खराबी, मानव रहित क्रॉसिंग्स पर लापरवाही या फिर पटरी से गाड़ी का उतरना इत्यादि रहे हैं। रेलवे ने अगले कुछ सालों में सभी मानव रहित रेल फाटकों की जगह ऊपरी रेल पुल या अंडरपास बनाकर इस समस्या को जड़ से खत्म करने का लक्ष्य रखा है और इस पर तेजी से काम शुरू भी हो गया है। इसके लिए परिवहन मंत्रालय और रेलवे के बीच हाल में ही एक एम.ओ.यू. पर दस्तखत हुए हैं, जिनसे प्रक्रियागत बाधाओं को खत्म किया जा सकेगा। एक नवीन पहल के तहत तब तक के लिए इन सभी फाटकों पर गेट मित्रों की नियुक्ति की जा रही है, जो वहाँ से गुजरने वाले यात्रियों को इन खतरों से आगाह करके ऐसी दुर्घटनाएँ रोकने में महत्त्वपूर्ण भूमिका निभाएँगे। हालाँकि एक नया मोबाइल एप्प भी लाया जा रहा है, जो किसी यात्री के गेट तक पहुँचने पर स्वतः ही उसको इसके लिए आगाह कर देगा।

महिलाओं की सुरक्षा के लिए मुंबई लोकल ट्रेन में प्रयोग के तौर पर CCTV कैमरे लगाए जा रहे हैं, जिन्हें भविष्य में सभी ट्रेनों में लगाया जाएगा। ये सारे कदम इस बात के द्योतक हैं कि वर्तमान सरकार और रेल मंत्री में मूलभूत सुधारों के साथ साथ यात्री सुविधाओं और सुरक्षा को लेकर सजग हैं।

अपने देश में शारीरिक रूप से किसी भी प्रकार की अक्षमता वाले लोगों के लिए जीवन हमेशा से कठिन रहा है। भारतीय रेल ने दृष्टिबाधित मुसाफिरों की यात्रा सहज बनाने के लिए कोच के अंदर की समस्त आवश्यक सूचनाओं को ब्रेल लिपि में भी लिखने का कार्य प्रारंभ कर दिया है। इससे निश्चित रूप से दृष्टिबाधितों की रेल यात्रा ज्यादा सुगम हो सकेगी। ऐसे कदम किसी सरकार की अपने समाज के हर वर्ग के प्रति अत्यंत संवेदनशीलता से ही परिचय कराते हैं।

नई पहल, नया संकल्प

स्वतंत्रता संघर्ष के समय से ही भारतीय रेल राष्ट्र के एकीकरण और लोगों को जोड़ने के लिए एक महत्त्वपूर्ण माध्यम रही है। दुर्भाग्य से आजादी के 70 सालों के बाद भी भारत के तमाम राज्य (खासकर पूर्वोत्तर के राज्य), रेल नेटवर्क के नक्शे पर नहीं आ पाए। वर्तमान सरकार ने इसे काफी गंभीरता से लेते हुए इस दिशा में गंभीर प्रयास शुरू किए हैं। गुवाहाटी से मेंदीपाथर लाइन के खुलते ही मेघालय पहली बार रेल के नक्शे पर आ गया। इसी तरह से मिजोरम को भी भैराबी और सैरंग रेलवे लाइन के द्वारा भारतीय रेल से जोड़ दिया गया। इसी तरह लमडिंग-सिलचर रेल लाइन के द्वारा असोम की बराक घाटी को परिवहन के मुख्य तंत्र से जोड़ा गया है। पूर्वोत्तर के राज्यों में उग्रवाद और विकास संबंधी तमाम समस्याएँ रही हैं। इन राज्यों को देश के शेष भागों से जोड़कर रेलवे ने इन समस्याओं के उन्मूलन में एक मील का पत्थर स्थापित किया है। उम्मीद की जानी चाहिए कि इसका सुखद परिणाम आनेवाले सालों में पूरा देश अवश्य महसूस करेगा।

भारत के ओड़िशा और छत्तीसगढ़ जैसे राज्यों में भरपूर खनिज संपदा के होते हुए भी यातायात के साधनों के अभाव में इनका भरपूर उपयोग नहीं हो पा रहा था। रेल लाइनों ने विभिन्न प्रदेश सरकारों के साथ उपक्रम बनाकर स्थानीय स्तर पर रेल लाइनों का जाल बिछाने का कार्य प्रारंभ किया है। रेलवे के इन प्रयासों से न केवल इन प्रदेशों का विकास होगा, वरन् प्रधानमंत्री श्री

नरेंद्र मोदी के 'मेक इन इंडिया' और 'स्टार्ट अप' जैसी योजनाओं को पूरा करने में मदद मिलेगी।

पर्यावरण सुरक्षा के प्रति दूरगामी सोच

किसी भी देश-काल में आसन्न समस्याओं के प्रति सरकारी तंत्र की तत्परता से उसकी जवाबदेही का पता चलता है। आनेवाले समय में पर्यावरण क्षरण सबसे बड़ी समस्या का रूप लेने वाला है। वर्तमान का जलवायु परिवर्तन उसका एक प्रमाण है। वर्तमान में सभी संभव हरित उपाय करके ही इस परिस्थिति का सामना किया जा सकता है। रेलवे ने इस दिशा में कई सकारात्मक कदम उठाए हैं। रेल मंत्रालय से ही इसकी शुरुआत की गई है और रेल भवन की छत पर 30 किलोवाट के सोलर प्लांट की स्थापना हुई है। जम्मू कश्मीर के कटरा स्टेशन और रेल कोच फैक्टरी रायबरेली में भी सौर ऊर्जा उत्पादन प्रारंभ किया गया है। रेवाड़ी से रोहतक के बीच भारत की पहली 'हरित ट्रेन' प्रारंभ की गई है।

स्वच्छ, सुंदर सफल यात्रा पर जोर

प्रधानमंत्री मोदी द्वारा प्रारंभ किया गए स्वच्छ भारत मिशन को सफल बनाने में रेलवे ने एक अत्यंत महत्त्वपूर्ण भूमिका ली है। रेल में स्वच्छता सुनिश्चित करने के लिए रेल मंत्रालय में एक नए समर्पित निदेशालय की स्थापना की गई है। इस निदेशालय के माध्यम से देश के समस्त रेल परिसरों की स्वच्छता सुनिश्चित करने के लिए एक समेकित नीति बनाई जा रही है। रेलवे के सभी मंडलों में रेलवे स्टेशनों के मशीनीकृत सफाई निविदा के माध्यम से करवाने का काम तेजी पर है और यदि पूर्वग्रह मुक्त दृष्टि से देखें तो इसका परिणाम भी स्पष्ट दिख रहा है। रेलवे में यात्रा के दौरान उपलब्ध करवाए जा रहे बिस्तरों की गंदगी की शिकायत दूर करने के लिए जगह-जगह मशीनीकृत लांड्री की स्थापना की जा रही है। इससे इन बिस्तरों की गुणवत्ता में बहुत सुधार होगा।

'सबका साथ, सबका विकास' का भी दिख रहा असर

'सबका साथ, सबका विकास' का नारा देश के किसानों के जीवन में सकारात्मक बदलाव लाए बिना सिर्फ शब्द ही रह जाएगा। भारतीय रेलवे ने इस दिशा में एक बिल्कुल अनूठे तरीके से प्रयोग किए हैं। दिल्ली के आदर्श नगर स्टेशन पर शीघ्र खराब हो जानेवाले कृषि उत्पादों के संरक्षण के लिए 'कोल्ड स्टोरेज कार्गो केंद्र' खोला गया है। इससे कृषि उत्पादों के परिवहन के दौरान खराब होने की समस्या से निजात मिलेगी।

ग्रामीण उत्पादों के मार्केटिंग के लिए रेलवे ने अपने तरीकों से कुछ प्रयोग किए हैं। महाराष्ट्र के रत्नागिरी स्टेशन पर स्थानीय व्यंजनों के लिए 'कोंकण स्वाद कट्टा' के नाम से एक रेस्टोरेंट खोला गया है। इन प्रयोगों से ग्रामीण क्षेत्रों की स्थानीय प्रतिभाओं को निखारने और उन्हें सामने लाने का मौका मिलेगा। देश के ऐसे सभी स्टेशन जहाँ अभी भी यात्री आवागमन बहुत ज्यादा नहीं है, उन परिसरों को 'स्किल डेवलपमेंट' की गतिविधियों के लिए प्रयोग में लाए जाने की योजना है। ये ऐसे गैर-परंपरागत कदम हैं, जिन पर कभी ध्यान नहीं दिया गया था।

लोक-लुभावन घोषणाओं की बजाय सुधारों पर जोर

आज तक की सरकारों ने इस समस्या के किसी भी स्थायी समाधान के लिए कोई गंभीर प्रयास किए हों, ऐसा नहीं लगता। रेल बजट हमेशा से सदन में तालियाँ बटोरने और बिना इसकी सेहत का ध्यान रखे, लोक-लुभावन घोषणाओं द्वारा जनता का मन मोहने के लिए इस्तेमाल किया गया है। पिछले तीस साल से बजट में घोषित 676 परियोजनाओं में से अभी तक सिर्फ 369 परियोजनाएँ ही पूरी हो सकी हैं। बजट जो कि विजन डॉक्यूमेंट होना चाहिए था, वह सिर्फ एक तीन घंटे का 'सोप-ऑपेरा' बनकर रह गया था। यह एक वित्तीय डॉक्यूमेंट की बजाय राजनीतिक डॉक्यूमेंट बना रहा। इसका परिणाम हुआ—रेल की खस्ताहाल वित्तीय स्थिति, कोई सिस्टम सुधार नहीं, लगातार बढ़ता घाटा और कुल मिलाकर एक अक्षम परिवहन तंत्र। रेल से तो वर्तमान में

आम आदमी को बहुत सारी शिकायतें हैं, लेकिन रेलवे की अंदरूनी चुनौतियों को शायद कुछ फीसद लोग ही समझ पाते होंगे।

राजनीति से मुक्त विकासोन्मुख रेलवे का लक्ष्य

रेलवे की सबसे बड़ी समस्या रही है धन की कमी और इसका हमेशा राजनीतिक इस्तेमाल किया जाना। पहली बार रेलमंत्री सुरेश प्रभु के द्वारा रेल बजट का 'अ-राजनीतिकरण' किया गया। पहला बजट, जिसमें किसी भी नई ट्रेन की घोषणा नहीं की गई। इसकी जगह रेल तंत्र में मूलभूत सुधार, यात्रा के दौरान गुणवत्ता, सुरक्षा, तकनीकी सुधार, पारदर्शिता और प्रबंधन में सुधार को केंद्र में रखा गया। एक ऐसे कदम हैं, जिसकी रेल को हमेशा से दरकार रही है। किंतु इसके लिए पर्याप्त साहस की जरूरत पड़ी होगी। सदन में तालियों की परवाह किए बिना, तंत्र में सुधार की एक ईमानदार कोशिश। चिकित्सक भी पाचन-तंत्र के मजबूत और स्वस्थ रहने के लिए सप्ताह में एक दिन व्रत की सलाह देते हैं। ठीक उसी तरह तमाम हवाई और अव्यावहारिक घोषणाओं को विराम देकर पहली बार रेल के स्वास्थ्य को ठीक करने पर फोकस किया गया।

फंड की समस्या से जूझ रहे रेलवे को गैर-परंपरागत तरीके से संसाधन उपलब्ध करवाने की व्यवस्था की गई। भारतीय जीवन बीमा निगम के साथ निवेश के लिए डेढ़ लाख करोड़ का समझौता, रेल इंजन और कोच निर्माण इकाइयों में सौ फीसद प्रत्यक्ष विदेशी निवेश की अनुमति, पब्लिक-प्राइवेट पार्टनरशिप, विश्व बैंक और एशियाई विकास बैंक से सहयोग इत्यादि तरीकों से अगले पाँच सालों में आठ लाख छप्पन हजार करोड़ रुपए जुटाने का ताना-बाना बुना गया है। प्रधानमंत्री की 'मेक इन इंडिया' मुहिम के तहत रेलवे के कई उपक्रमों में निवेश आमंत्रित किए गए हैं। हालाँकि इन सारे कदमों का रेलवे के अंदर और बाहर काफी विरोध भी हुआ है, पर यह समझ लेना अत्यंत आवश्यक है, अब बिना संसाधन जुटाए रेलवे ध्वस्त होने के कगार पर पहुँच सकती है। आज भारतीय रेल

को सब्सिडी के लिए सरकार के पास जाना पड़ता है। जिस चीन और जापान के रेल व्यवस्था का आज उदाहरण दिया जाता है, उन्होंने चालीस साल पहले ही रेल में भारी निवेश किया था। वर्तमान की वास्तविकता को समझते हुए इन सुधारात्मक कदमों का स्वागत ही किया जाना चाहिए। भारत के स्वयं अपने अनुभव यह भी सिद्ध करते हैं कि प्रतिस्पर्धा सदैव लाभदायक रही है। रेल को भी इस प्रतिस्पर्धा से बाहर रखने का अब कोई औचित्य नहीं बनता।

तंत्र सुधार के तहत ही रेल जोन और उत्पादन इकाइयों को ज्यादा स्वायत्तता दी जा रही है। ई-टेंडरिंग के द्वारा रेलवे की अत्यंत दोषपूर्ण निविदा प्रणाली को पारदर्शी बनाने की दिशा में एक बड़ा कदम उठाया गया है। रेल व्यवस्था की बेहतरी और दक्षता को बढ़ाने के लिए देश भर के तकनीकी विशेषज्ञों की समितियाँ गठित की गई हैं, जैसे अर्थशास्त्री विवेक देबरॉय कमेटी, जिसके बहुत सारे सार्थक सुधारों पर अमल होना भी शरू हो गया है। इसी तरह रतन टाटा की अध्यक्षता में 'कायाकल्प परिषद्' गठित की गई है, जो रेलवे में नवाचार, बेहतरी के तरीकों और इसके आमूल-चूल परिवर्तन के लिए अपनी सलाह देगी। मेट्रो मैन ई. श्रीधरन, पूर्व नियंत्रक एवं महालेखा परीक्षक विनोद राय जैसे विभिन्न क्षेत्रों के ख्यातिलब्ध विशेषज्ञों की सेवाएँ ली जा रही हैं। ऐसा नहीं है कि पहले कभी ऐसी समितियाँ गठित नहीं की गईं, अंतर बस इतना है कि इन समितियों और इनके सुझाव को अमल में लाने के गंभीर प्रयास किए जा रहे हैं।

रेलमंत्री ने रेलों की गति को राष्ट्र की प्रगति से जोड़ते हुए इस दिशा में कई गंभीर प्रयास किए हैं। भारतीय रेलों की औसत गति को 160 से 200 किलोमीटर प्रति घंटे करने के लिए कई प्रयोग किए गए हैं। दिल्ली आगरा के बीच सेमी-हाई स्पीड ट्रेन गतिमान की तो शुरुआत भी कर दी गई है। दिल्ली-चंडीगढ़, चेन्नई-बेंगलुरु सहित ऐसे नौ मार्गों को इसके लिए चिह्नित किया गया है। समर्पित मालगाड़ी गलियारों का भी काम तीव्रता से चल रहा है, जो कि रेलमंत्री की 'हीरक चतुर्भुज नेटवर्क' परिकल्पना का एक हिस्सा

है। यह नेटवर्क देश के कई मुख्य नगरों और विकास केंद्रों को जोड़कर राष्ट्र के विकास को तीव्रता प्रदान करेगा।

रेल की संपत्तियों का पहली बार डिजिटलीकरण

देश भर में फैली अपनी हजार करोड़ की भू-संपत्तियों की सुरक्षा की दृष्टि से रेलवे ने भूमि-रिकॉर्डों का डिजिटलीकरण कार्य पूरा किया है। इस व्यवस्था से रेलवे की भूमि की स्थिति का पता चल जाएगा कि क्या उसकी संपत्तियों पर अतिक्रमण हुआ है। यदि हुआ है तो कितना! इसका बड़ा फायदा यह होगा कि रेलवे अपने बेशकीमती संसाधनों का बेहतर इस्तेमाल भी कर पाएगा।

कुल मिलाकर वर्तमान नेतृत्व ने तमाम लोक-लुभावन राजनीतिक तरीकों को दरकिनार करते हुए भारतीय रेल की मूलभूत समस्याओं के निदान और इसे जनता की उम्मीदों के अनुरूप एक नए रूप-रंग, एक नया कलेवर देने के लिए पूरी तरह से ईमानदार और मजबूत कदम बढ़ाया है। इन सारे कदमों का प्रभाव आनेवाले दिनों में निश्चित रूप से दिखेगा और यह संगठन इस दूर-दृष्टि तथा ईमानदारी के लिए वर्तमान नेतृत्व को याद रखेगा।

(लेखक भारतीय रेल लेखा सेवा के अधिकारी हैं। वर्तमान में मंडल वित्त प्रबंधक (लखनऊ) पदस्थ हैं। मूलतः उत्तर प्रदेश के रहनेवाले हैं।)

सड़क परिवहन की दिशा में परिवर्तनकारी पहल

प्रभाष झा

किसी भी देश के आर्थिक विकास और लोगों के बेहतर जीवन स्तर के लिए ढाँचागत सुविधाओं की जरूरत होती है। कई उदाहरणों से यह स्पष्ट है कि बी.एस.पी. यानी बिजली, सड़क और पानी जैसी सुविधाएँ जहाँ उपलब्ध होती हैं, उन इलाकों का विकास तेजी से होता है और लोगों के जीवन स्तर में एक सकारात्मक एवं बड़ा बदलाव आता है। आर्थिक विकास से इतर भी बात करें तो भारत जैसे भौगोलिक और सामाजिक-सांस्कृतिक विविधता वाले देश में सड़क का राष्ट्रीय एकता के लिए भी अपना महत्त्व है। इसके बावजूद भारत में सड़कों का घनत्व जरूरत के अनुरूप नहीं बन सका है। मई 2014 चुनाव में ऐतिहासिक जीत के बाद केंद्र में आई नरेंद्र मोदी के नेतृत्व वाली भाजपा-नीत सरकार इस तथ्य से भलीभाँति परिचित है। इसका पता प्रधानमंत्री नरेंद्र मोदी के उस बयान से भी चलता है, जो उन्होंने सेतु भारतम परियोजना का शुभारंभ करते हुए दिया था। उन्होंने कहा था कि एक देश के लिए सड़कों का वही महत्त्व है, जो मानव शरीर में धमनियों और नसों का है। प्रधानमंत्री मोदी के इस बयान का एक आशय यह भी निकाल सकते हैं कि उन्होंने सड़क व्यवस्था की ढाँचागत खामियों की सुधार प्रक्रिया को अपने विकासवादी एजेंडे के केंद्र में रखा। मोदी के उस ध्येय वाक्य की छाप निश्चित तौर पर केंद्र सरकार की कार्यप्रणाली में भी दिख रही है। यह कहना अतिरेक

नहीं होगा कि मोदी सरकार ने कार्यकाल के पहले दिन से सड़क नेटवर्क के विस्तार और नई सड़क परियोजनाओं को शीर्ष प्राथमिकता में रखा है।

आँकड़े गवाह हैं

आँकड़े बताते हैं कि मौजूदा सरकार के पहले दो साल के कार्यकाल में राष्ट्रीय राजमार्गों के निर्माण में तेजी आई है, लेकिन नरेंद्र मोदी के नेतृत्व वाली केंद्र सरकार इतने पर भी संतुष्ट नहीं है और इसे बढ़ाना चाहती है। अगर देखा जाए तो फिलहाल देश के 52 लाख किलोमीटर सड़क नेटवर्क में सिर्फ एक लाख 475 किलोमीटर ही राष्ट्रीय राजमार्ग है। सरकार का लक्ष्य 2019 तक इसे बढ़ाकर दो लाख किलोमीटर करने का है। इसी के मद्देनजर प्रतिदिन 40 किलोमीटर सड़क बनाने का महत्त्वाकांक्षी लक्ष्य रखा गया है, जो कि फिलहाल 20 किलोमीटर के आसपास है। मार्च 2014 में खत्म हुए वित्तीय वर्ष यानी मौजूदा भाजपा-नीत सरकार के कमान सँभालने से ठीक पहले प्रतिदिन 11 किलोमीटर राष्ट्रीय राजमार्ग का निर्माण हो रहा था। लेकिन वर्तमान सरकार में इसमें बढ़ोतरी दर्ज की गई है। आँकड़ों के अनुसार मार्च 2016 में समाप्त हुए वित्तीय वर्ष में यह बढ़कर 16.5 किलोमीटर हो गया था, जो पिछले आँकड़े से 50 फीसद अधिक है। सड़क व्यवस्था में सुधार की तेजी का अंदाजा इसी बात से लगाया जा सकता है कि इस दौरान सालों से रुके 300 से ज्यादा प्रोजेक्ट्स पर काम शुरू हो चुका है। जहाँ साल 2014 में 384 परियोजनाएँ फंड्स की कमी समेत अन्य कारणों से अटकी पड़ी थीं, वहीं महज दो साल में ही इनकी संख्या घटकर 74 रह गई है। अर्थात् वर्तमान सरकार ने पिछली सरकार में अटकी 310 परियोजनाओं को बेहद कम समय में शुरू कर दिया है। इसे ऐसे भी समझ सकते हैं कि अपने पहले साल में मौजूदा सरकार ने बजट में सड़कों और राजमार्गों के लिए 33 हजार करोड़ का प्रावधान किया था, जो दूसरे साल में बढ़कर 47 हजार एक सौ करोड़ रुपए हो गया। 2016-17 वित्तीय वर्ष में

> ***''राजमार्ग भारत के विकास की जीवन रेखा हैं। ये संपर्क बढ़ाकर भारत की प्रगति का मार्ग प्रशस्त करते हैं।''***
>
> **—नरेंद्र मोदी**

सड़कों के निर्माण के लिए बजट में सत्तावन हजार आठ सौ करोड़ रुपए रखे गए हैं। इसके अलावा 15 हजार करोड़ रुपए भारतीय राष्ट्रीय राजमार्ग प्राधिकरण (एन.एच.ए.आई.) को अपनी परियोजनाओं के लिए बॉण्ड के जरिए जुटाना है, उस दिशा में सरकार ठीक-ठाक प्रगति करती नजर आ रही है। प्रधानमंत्री ग्राम सड़क योजना का बजट भी 25 फीसद बढ़ाया गया है।

निर्माण एवं लक्ष्य में भारी बढ़ोतरी

पिछली सरकार के कार्यकाल के अंतिम दो वर्षों (2012-13 और 2013-14)में क्रमशः 1961 और 3625 किलोमीटर राजमार्ग के निर्माण का ठेका दिया गया था। हालाँकि पहले से चल रहे काम और दिए गए ठेकों की वजह से 2014 वित्तीय वर्ष में 3950 किलोमीटर राजमार्ग बने। नई सरकार आने के बाद इस काम में तेजी आई है। वित्तीय वर्ष 2015 में 4410 किलोमीटर और इस साल यानी 2015-16 में 6029 किलोमीटर राजमार्ग का निर्माण हुआ है, जो पिछले साल पूर्ण हुए किलोमीटर से करीब 45 फीसद अधिक है। आगे के लिए लक्ष्य और भी ज्यादा महत्त्वाकांक्षी है। सड़क परिवहन मंत्रालय ने साल 2016-17 के लिए राजमार्ग निर्माण का लक्ष्य ढाई गुना बढ़ाकर पंद्रह हजार किलोमीटर रखा है। पिछले साल 10 हजार किलोमीटर राजमार्ग के ठेके दिए गए थे, उसे भी इस साल (2016-17) के लिए बढ़ाकर 25 हजार किलोमीटर कर दिया गया है। अकेले उत्तर प्रदेश में 60 हजार करोड़ रुपए की सड़क परियोजनाओं पर काम चल रहा है, बाकी बचे हुए कार्यकाल में केंद्र सरकार प्रदेश में और 1.30 लाख करोड़ रुपए की परियोजनाएँ शुरू करने की सोच रही है। हाल ही में लखनऊ में 5214 करोड़ रुपए की लागत से प्रस्तावित 94 किलोमीटर लंबी आउटर रिंग रोड की आधारशिला रखी गई है। वह दिन दूर नहीं है, जब लखनऊ से कानपुर की यात्रा सिर्फ 30 मिनट में पूरी की जा सकेगी। दोनों शहरों के बीच आठ लेन का एक्सप्रेस-वे बनने जा रहा है। इस पर 10 हजार करोड़ से ज्यादा का खर्च आएगा। इसके अलावा अलीगढ़ से कानपुर के चार लेन के राष्ट्रीय राजमार्ग-91 के लिए डी.पी.आर. तैयार करने का काम तेजी से चल रहा है। ये आँकड़े खुद-ब-खुद बयाँ कर रहे हैं कि

किस तरह से पिछले 27–28 महीनों में सड़क निर्माण का काम टॉप स्थिति में पहुँच चुका है, जबकि आनेवाले समय में इसकी गति और बढ़ने वाली है।

भारतमाला और सेतु भारतम

राजमार्गों के जरिए सरकार की योजना विकास को गति देने के साथ–साथ देश की सामरिक जरूरतों को पूरा करने और सांस्कृतिक एकता को बढ़ावा देने की भी है। इसी सोच के साथ कई सड़क परियोजनाएँ तैयार की गई हैं। ऐसी ही एक योजना भारतमाला है। इसके तहत देश की भूमि सीमा और समुद्र तटीय सीमा से लगे 5500 किलोमीटर मार्गों को राजमार्गों में बदला जाएगा और सड़क ढाँचा को मजबूत किया जाएगा। देश के धार्मिक और पर्यटन स्थलों को आपस में जोड़ने के लिए 6000 किलोमीटर की परियोजना पर काम शुरू हो चुका है। इस विशेष योजना का उद्देश्य चारधाम से कनेक्टिविटी में सुधार करना और सभी जिला मुख्यालयों को राष्ट्रीय राजमार्गों से जोड़ना भी है। साल 2019 तक राजमार्गों पर रेलवे क्रॉसिंग की अड़चन पूरी तरह दूर करने के लिए लाइनों पर सड़क ओवर–ब्रिज बनाने और पुराने पुलों की मरम्मत के लिए पचास हजार आठ सौ करोड़ रुपए की लागत वाली सेतु भारतम परियोजना शुरू की गई है। इस परियोजना में 208 नए ओवर और अंडर ब्रिज बनाए जाएँगे और 1500 पुलों को चौड़ा किया जाएगा।

खैर, आँकड़ों को माने तो पिछली सरकार की तुलना में वर्तमान सरकार ने बेहद कम समय में सड़क निर्माण क्षेत्र में बेहतरीन काम किया है। चाहे निर्माण की बात हो अथवा टेंडर्स में पारदर्शिता का सवाल हो, हर क्षेत्र में भाजपा–नीत केंद्र सरकार तय लक्ष्यों के अनुरूप काम करती नजर आ रही है।

(लेखक नवभारत टाइम्स ऑनलाइन में डिप्टी एडिटर हैं। विभिन्न पत्र–पत्रिकाओं में लिखते हैं। मूलतः बिहार के रहनेवाले हैं।)

जन-धन से जन-जन तक

प्रभांशु ओझा

वर्ष 2014 में प्रधानमंत्री नरेंद्र मोदी ने लाल किले के अपने भाषण में उन लोगों की बात की, जिन्होंने कभी किसी बैंक का दरवाजा नहीं देखा था। ऐसे लोगों की बात की, जिनका बैंक में कभी खाता नहीं खुला था। दुनिया के विशालतम लोकतंत्र के लिए इसे ज्यादा दुर्भाग्यपूर्ण और क्या हो सकता है कि देश की एक बड़ी आबादी का बैंक खाता तक नहीं हो। प्रधानमंत्री नरेंद्र मोदी ने प्राथमिकता देते हुए हाशिए पर पड़े ऐसे लोगों की चिंता की, जो देश की मुख्यधारा की अर्थव्यवस्था से कटे हुए थे। प्रधानमंत्री नरेंद्र मोदी का यह प्रयास भारत के इतिहास में एक मील का पत्थर साबित हुआ। जन-धन योजना का उद्देश्य था साधारण से साधारण व्यक्ति को देश की मुख्यधारा की वित्तीय व्यवस्था से जोड़ना। इस तरह यह योजना आजादी के बाद भारत में वित्तीय समावेशन के लिए किया गया एक अप्रतिम और भगीरथ प्रयास कहा जा सकता है, जिसपर पहली बार वर्तमान केंद्र सरकार का ध्यान गया।

जन-धन की जरूरत

वैसे भारत में बैंकों का राष्ट्रीयकरण 1969 में किया गया था और इसका लक्ष्य बैंकों की पहुँच भारत के दूर-दराज इलाकों और गरीबों तक सुनिश्चित करना था। बैंकों के राष्ट्रीयकरण के बाद उसकी शाखाएँ दूर-दराज इलाकों

में खोली अवश्य गईं, लेकिन साल 2014 में इस योजना के आरंभ के समय तक देश के 40 फीसद गरीब तबके के लोग अर्थव्यवस्था में भेदभाव के शिकार थे। चूँकि बैंक से जुड़ना भारतीय अर्थव्यवस्था में योगदान देना होता है, इसलिए इस तबके को बैंकिंग सेवाओं से जोड़ना आवश्यक था। साल 2011 की जनगणना के मुताबिक देश में करीब 24.67 करोड़ कुल घर थे। लगभग 14.48 करोड़ घर यानी करीब 58 फीसद घर बैंकिंग सेवा से जुड़े थे, जबकि 42 फीसद घरों की पहुँच बैंक तक नहीं थी। यह निश्चित तौर पर एक निराशाजनक स्थिति थी।

इसमें कोई शक नहीं कि भारत में शहरी क्षेत्रों में बैंकिंग सुविधाएँ सुलभ हैं, लेकिन जैसे ही आप ग्रामीण और कस्बाई इलाकों की तरफ बढ़ते हैं, बैंकिंग सुविधाएँ बहुत कम होती चली जाती हैं।

> ***''पहले बैंकों के द्वार सिर्फ अमीरों के लिए खुले रहते थे। इसे बदलने का हमने निश्चय किया। जन-धन योजना इसी दिशा में एक शुरुआत है, जिससे गरीब और पिछड़े लोग बैंक की सुविधाओं का लाभ उठा पाएँगे।''***
>
> **—नरेंद्र मोदी**

स्पष्ट है कि औपचारिक वित्तीय सेवाओं की ज्यादा-से-ज्यादा लोगों तक पहुँच होना सकारात्मक विकास का सूचक है। दुनिया भर के नीति-निर्माता वित्तीय समावेशन पर जोर दे रहे हैं, क्योंकि इससे गरीबों को मिलने वाली कल्याणकारी सुविधाओं में बढ़ोतरी होती है। दुनिया भर की सरकारें खासतौर पर भारत जैसे गरीब देशों की सरकारें ज्यादा-से-ज्यादा लोगों को औपचारिक वित्तीय सेवाओं के दायरे में लाने की कोशिश कर रही हैं, क्योंकि सीधे बैंक खाते में कैश ट्रांसफर होने से वित्तीय तंत्र में लीकेज घटता है।

खाते के साथ बीमा सुरक्षा

जन-धन योजना को आकर्षक बनाने के लिए सरकार ने इसके साथ कई चीजों को जोड़ा है। हर खाते के साथ एक डेबिट कार्ड देने का प्रावधान रखा

गया, जिसके साथ एक लाख रुपए का दुर्घटना बीमा कवर मुफ्त है। इसके अतिरिक्त जन–धन खाते के साथ 30 हजार रुपए का जीवन बीमा भी मुफ्त दिया गया। छह महीने तक खाते के सुचारु रूप से परिचालन के बाद 5000 रुपए के ओवर ड्राफ्ट की सुविधा को भी जन–धन बैंक खाते के साथ जोड़ा गया था। वित्तीय समावेशन की इस योजना के तहत निम्न आमदनी वाले व्यक्तियों के बैंकों में गत दो साल में 21.81 करोड़ खाते खोले गए हैं, 25 मई, 2016 तक इन कमजोर आय वर्ग के परिवारों के बैंक खातों में सैंतीस हजार छह सौ पंद्रह करोड़ रुपए जमा हो चुके हैं। इन खातेदारों को 9.43 करोड़ सुरक्षा बीमा पॉलिसी तथा 2.96 जीवन ज्योति बीमा पॉलिसी जारी की जा चुकी है। इस प्रकार इन खातेदारों को बीमा के माध्यम से सामाजिक सुरक्षा प्राप्त हो गई है। एक आम व्यक्ति को इस योजना के माध्यम से महज अर्थव्यवस्था भर से नहीं जोड़ा गया है बल्कि उन्हें बीमा सुरक्षा भी प्रदान की गई है। इसकी एक बड़ी सफलता यह भी है, जिसपर ध्यान देने की जरूरत है कि अभी तक 17.97 करोड़ रुपे (Rupay) डेबिट कार्ड जारी किए जा चुके हैं। जाहिर है कि वित्तीय समावेशन के इस प्रयास का बड़ा लाभ उन ग्रामीण हिस्सों को मिला है, जो अब तक इससे वंचित थे। भाजपा–नीत केंद्र सरकार जन–धन, आधार ऐंड मोबाइल (JAM) के जरिए वित्तीय समावेशन और मोबाइल वॉलेट जैसे नवोन्मेषी डिलिवरी चैनलों के इस्तेमाल को बढ़ावा दे रही है। आर.बी.आई. ने 10 बैंकों और 11 पेमेंट बैंकों को सैद्धांतिक मंजूरी दी है, जिनसे वित्तीय समावेशन के काम में रफ्तार आने की उम्मीद है। जन–धन योजना की अगर बात करें तो सरकारी बैंक इसमें सबसे आगे रहे हैं। ग्रामीण बैंक दूसरे पायदान पर रहे तो निजी बैंक इस योजना में तीसरे पायदान पर रहे हैं।

कुछ प्रमुख लाभार्थियों के उदाहरण

दिल्ली के मुखर्जी नगर इलाके में राकेश कालरा रहते हैं। घड़े और मिट्टी के बरतन बेचकर अपने परिवार का पेट पालते हैं। कालरा करीब 30 साल से मिट्टी के बरतन का काम कर रहे हैं, लेकिन इस दौरान इनका बैंक खाता तक

नहीं था। जब कभी अकाउंट खुलवाने के लिए ये बैंक जाते कोई-न-कोई बहाना बनाकर इनका अकाउंट खोलने से बैंक मना कर देता। लेकिन जन-धन योजना के शुरू होने के बाद इनका जीरो बैलेंस वाला बैंक अकाउंट खुल गया। कालरा का कहना है कि इस खाते की वजह से इनकी हर महीने बचत भी हो रही है, साथ ही पैसे भी सुरक्षित हैं। राकेश का यह भी कहना है कि इस बैंक अकाउंट का उनको एक और फायदा हुआ। हाल में शुरू हुई प्रधानमंत्री बीमा सुरक्षा योजना और पेंशन योजना से भी ये जुड़ गए हैं। राकेश की ही तरह पंजाब के मानसा में रहनेवाले विनोद कुमार का भी पिछले साल सिर्फ आधार कार्ड और 2 फोटो देकर जन-धन योजना में बैंक में खाता खुला। पिछले 30 सालों से वह सड़क के किनारे पटरी पर बैठकर दरजी का काम कर रहे हैं। इतने सालों में उनका बैंक खाता आवश्यक दस्तावेजों और पैसों की वजह से नहीं खुल सका था। लेकिन अब इनका भी बैंक खाता है। विनोद बताते हैं कि अब वो जो भी कमाते हैं, उसे बैंक में जमा करा देते हैं। इतना ही नहीं, अब उनके पास बीमा भी है। इन उदाहरणों से स्पष्ट होता है कि जन-धन योजना ने एक आम व्यक्ति के जीवन को किस तरह से बदलने की दिशा में प्रभाव स्थापित किया है।

हालाँकि देश में ऐसे करोड़ों लोग हैं, जो इसका लाभ ले रहे हैं। सरकारी आँकड़ों के मुताबिक इस योजना के तहत अभी तक 23 करोड़ 62 लाख खाते खोले गए हैं और इन खातों में लगभग 41 हजार करोड़ से ज्यादा की राशि जमा की गई है। ये आँकड़े इस बात के गवाह हैं कि अब आम लोग मुख्यधारा की अर्थव्यवस्था से न सिर्फ जुड़े हैं, बल्कि अपनी मजबूत सहभागिता भी सुनिश्चित की है। सरकार ने बैंक खाते खोलने का जितना लक्ष्य रखा, उससे कहीं ज्यादा खाते खुल चुके हैं। लेकिन अच्छी बात यह है कि खातों में लेन-देन भी हो रहा है। जितने कम-से-कम जीरो बैलेंस एकाउंट होंगे, उतनी जन-धन योजना की सफलता होगी। जीरो बैलेंस वाले खातों की संख्या लगातार कम हो रही है।

(लेखक दिल्ली विश्वविद्यालय में शोधार्थी हैं। विभिन्न पत्र-पत्रिकाओं के लिए नियमित लेखन करते हैं। मूलतः उत्तर प्रदेश के रहनेवाले हैं।)

स्टैंड अप, स्टार्ट अप और मुद्रा योजना

पश्यंती शुक्ला

नौकरी को ही एकमात्र रोजगार और अर्थ जुटाने का साधन समझने की भूल करनेवाले लोगों की कमी नहीं है। लेकिन आर्थिक तौर पर आत्मनिर्भरता हासिल करने के लिए महज नौकरी ही एकमात्र उपाय नहीं है। अगर देखें तो इस आत्मनिर्भरता के लिए 'उत्थान' का अवसर मिलना ज्यादा जरूरी होता है। इस देश में दलितों और महिलाओं के अंदर यह आत्मविश्वास जाग्रत करना हमेशा से दूर की कौड़ी रही कि वे अपना उद्यम शुरू करके अपने पैरों पर खड़े होंगे और दूसरों को रोजगार देंगे। अभी तक सिर्फ उन्हें मुफ्त की योजनाओं में बाँधने की कोशिश की गई थी। मुफ्त की योजनाओं का क्षणिक लाभ देने का बड़ा नुकसान यह हुआ कि जो हाशिए पर थे, वे हाशिए पर रह गए। 2014 लोकसभा के बाद प्रधानमंत्री नरेंद्र मोदी के नेतृत्व में गठित नई सरकार ने उस पुरानी लकीर को तोड़कर एक नया प्रयोग किया, जिसे नाम दिया गया 'स्टैंड अप इंडिया'।

15 अगस्त, 2015 को प्रधानमंत्री नरेंद्र मोदी ने लालकिले की प्राचीर से अपने संबोधन के दौरान पहली बार 'स्टार्टअप इंडिया, स्टैंड अप इंडिया' की घोषणा की थी। जिसके बाद उन्होंने 5 अप्रैल, 2016 को दलित नेता और पूर्व उप प्रधानमंत्री बाबू जगजीवन राम की जयंती के दिन 'स्टैंडअप इंडिया' योजना की विधिवत् शुरुआत एक वेबपोर्टल लॉन्च करके की। स्टैंडअप इंडिया योजना भारत सरकार की महत्त्वाकांक्षी योजनाओं में से एक

है, जिसके तहत बैंक की प्रत्येक ब्रांच अपने क्षेत्र में एक दलित, एक महिला और एक आदिवासी को उद्यम स्थापित करने अथवा उसे चलाने के लिए बिना कठिनाई के ऋण देगी। स्टैंड अप इंडिया योजना का प्रमुख उद्देश्य अनुसूचित जाति, अनुसूचित जनजाति तथा महिलाओं को 10 लाख रुपए से एक करोड़ रुपए तक का ऋण देकर इन वर्गों के लोगों में उद्यमशीलता को बढ़ावा देना है। इस योजना का लाभ उठाकर देश भर में विभिन्न स्थानों से महिला या दलित और पिछड़े लोग बेहतर उद्यमी बनकर देश की अर्थव्यवस्था में अपनी भागीदारी बना सकते हैं। इस योजना से विकसित शहरों के साथ देश के पिछड़े क्षेत्रों में भी व्यवसाय और रोजगार की संभावनाएँ उभरकर सामने आएँगी। योजना की शुरुआत से अगले तीन सालों में इसके तहत 2.5 लाख दलित उद्यमी तैयार किए जाने का लक्ष्य सरकार की ओर से रखा गया है। इस योजना को शुरू करने के लिए 2016–17 के बजट में 500 करोड़ की राशि आवंटित की गई है। हालाँकि इस योजना की शुरुआत के साथ ही कुछ लोगों को स्टैंड अप के तहत चेक का वितरण प्रधानमंत्री ने किया था। स्टैंड अप के तहत आसानी से कर्ज प्राप्त करनेवाले दलित समाज के लोगों को स्टार्ट अप का बेहतरीन अवसर केंद्र सरकार की इस योजना के माध्यम से मिला है। स्टैंड अप योजना को जोड़ती हुई योजना है 'स्टार्ट अप योजना'।

''मुद्रा योजना युवाओं की उड़ान को पंख देती है। युवाओं को अवसर प्रदान कर आत्मनिर्भर बनाने से ये अपना भविष्य खुद लिख सकेंगे और मजबूत एवं समृद्ध भारत का सपना साकार होगा।''

—नरेंद्र मोदी

संभावनाओं का नया क्षितिज

नए उद्यमों यानी स्टार्टअप पर नजर डालें तो कुछ महत्त्वपूर्ण आँकड़े सामने आते हैं। स्टार्टअप क्रांति ने देश में रोजगार के नए अवसर मुहैया कराए हैं। स्टार्टअप के मामले में भारत दुनिया के टॉप 5 देशों की सूची में

दूसरे नंबर पर पहुँच चुका है। एक अनुमान के मुताबिक पिछले कुछ सालों में 80 से 85 हजार लोगों को रोजगार देने का काम स्टार्टअप्स ने किया है। हर हफ्ते स्टार्टअप के तहत करीब 630 करोड़ रुपए का निवेश हो रहा है। सिर्फ पिछले साल यानी 2015 में देश के 400 स्टार्टअप में 32 हजार करोड़ रुपए का निवेश हुआ। उम्मीद की जा रही है कि साल 2020 तक लगभग 2.5 लाख लोग स्टार्टअप के जरिए रोजगार प्राप्त कर रहे होंगे। लेकिन स्टार्टअप का सबसे ज्यादा बोलबाला मेट्रो और टीयर-1 शहरों में देखने को मिला है और देश के सबसे ज्यादा स्टार्टअप बंगलुरु में हैं। हालाँकि छोटे शहरों और गाँवों के पिछड़े वर्ग के विकास हेतु प्रधानमंत्री द्वारा शुरू की गई 'स्टैंड अप इंडिया' योजना में स्टार्टअप की तर्ज पर ही बहुत बड़ी संभावना देखी जा रही है।

मुद्रा से बदल रही जिंदगी

स्टैंड अप योजना से एक तरफ जहाँ दलितों, महिलाओं एवं आदिवासियों को उद्योग क्षेत्र में खुद को स्थापित करने का अवसर मिल रहा है तो वहीं स्टार्ट अप योजना से रोजगार के भारी अवसर बढ़ने की संभावना प्रबल होती दिखाई दे रही है। लेकिन मुद्रा योजना ने लोगों की जिंदगी में व्यापक बदलाव किए हैं। मुद्रा योजना के तहत बिना किसी गारंटर के सरकार द्वारा कर्ज मुहैया कराने की वयवस्था रखी गई है। छोटे उद्यमियों को शिशु, किशोर और तरुण श्रेणी में विभाजित करके सरकार 50 हजार से 10 लाख तक का कर्ज मुहैया करा रही है। इस योजना के तहत अभी तक 3 करोड़ 48 लाख उद्यमियों को 1 लाख 37 हजार से ज्यादा रुपए कर्ज के तौर पर अनुमोदित किए जा चुके हैं। यह योजना गाँव-गाँव तक पहुँच गई है। लोगों को आसानी से बैंक से पैसा मिल रहा है। लोग अपना रोजगार प्रारंभ कर रहे हैं। मऊ के सुजीत को उनकी आर्थिक स्थिति को देखते हुए मुद्रा योजना के तहत पचास हजार रुपए का कर्ज आसानी से मिल गया। सुजीत बनारस से नारियल लाकर मऊ में बेच रहे हैं। उनका सपना है कि वे दक्षिण भारत

से खुद ट्रक में माल लाकर अपने जिले में बेचें। सुजीत ऐसे अकेले नहीं हैं, उन जैसे देश में लाखों लोग हैं, जिन्हें इस योजना का लाभ मिला है। ऐसे न जाने कितने लोग देश में हैं, जो छोटे उद्यम से जुड़े हैं और केंद्र सरकार की मुद्रा योजना का लाभ ले रहे हैं।

(लेखिका टी.वी. पत्रकार रही हैं। वर्तमान में विभिन्न वेब पत्र-पत्रिकाओं के लिए लिखती हैं। मूलतः उत्तर प्रदेश की रहनेवाली हैं।)

उज्ज्वला योजना : जिंदगी से छँटता धुआँ

शालू अग्रवाल

चूल्हे से उठते घातक काले धुएँ के बवंडर में तपती जिंदगी को जब निशुल्क एल.पी.जी. सिलेंडर का तोहफा मिला तो आधी आबादी के सपनों को सुनहरी उड़ान मिली। धुएँ में दिन-रात जलती आँखों को प्रधानमंत्री की उज्ज्वला योजना ने जीवन दिया है। धुएँ से आजादी दिलाने आई उज्ज्वला देश की महिलाओं की सेहत में पुनर्नवा साबित हुई है। ग्रामीण और मध्यम वर्गीय परिवार की महिलाओं को भोजन पकाने में चूल्हे के धुएँ और इससे होनेवाली बीमारियों से मुक्ति मिली है। चूल्हे पर खाना बनाने को मजबूर देश की करोड़ों महिलाओं की इस पीड़ा को समझते हुए भाजपा-नीत केंद्र सरकार के मुखिया नरेंद्र मोदी ने 1 मई, 2016 को उत्तर प्रदेश के बलिया जिले से यह योजना शुरू की। 1 मई, 2016 के बाद से निम्न वर्ग के परिवार की महिलाओं के चेहरे पर धुएँ से मिली आजादी की एक नई चमक जाग रही है। सरकार द्वारा 2019 तक धुआँ रहित भारत का लक्ष्य रखते हुए उज्ज्वला योजना की शुरुआत की गई है। 29 सितंबर, 2016 को जम्मू-कश्मीर की महिलाओं के लिए भी इस योजना को शुरू किया गया। भारत सरकार ने गरीबी रेखा से नीचे जीवनयापन करनेवाले देश के 5 करोड़ परिवारों को निशुल्क एल.पी.जी. कनेक्शन देने के लिए इस योजना का शुभारंभ किया है। प्रधानमंत्री की इस बेहद जन-उपयोगी सरकारी योजना को चलाने का जिम्मा पेटोलियम और प्राकृतिक गैस मंत्रालय को सौंपा गया है। योजना के लिए

सरकार ने 8000 करोड़ रुपए का बजट तय किया है। जो आगामी तीन वर्षों तक चलेगा। बी.पी.एल. परिवार में बी.पी.एल. कार्डधारक ऐसी महिलाएँ, जो 18 साल की आयु से अधिक उम्र की हैं, जिनके पास अभी तक एल.पी.जी. कनेक्शन नहीं है, वे योजना के लिए आवेदन कर सकती हैं। दुर्बल आय वर्ग के लिए अनुसूचित जाति की महिलाओं को योजना में प्राथमिकता है। महिला आवेदक का छूट की राशि पाने के लिए नेशनल बैंक में बचत बैंक खाता होना चाहिए। इस योजना को मूर्त रूप देने के लिए सरकार की गंभीरता का अंदाजा इसी बात से लगाया जा सकता है कि 2016-17 के प्रथम वित्त वर्ष में ही 2000 करोड़ रुपए का आवंटन हो गया है। इससे सरकार चालू वित्त वर्ष में 1.5 करोड़ बी.पी.एल. परिवारों को एल.पी.जी. कनेक्शन उपलब्ध कराने का लक्ष्य रखा गया है। 7 अक्तूबर, 2016 तक प्राप्त आँकड़ों के मुताबिक छिहत्तर लाख इकतालीस हजार दो सौ पचीस बी.पी.एल. परिवारों को इसका लाभ दिया जा चुका है। इसमें 27.56 लाख केवल उत्तर प्रदेश के परिवार हैं। इसकी सफलता की एक वजह यह भी है कि इसके लिए आवेदन की राह बेहद सरल एवं सहज बनाई गई है, जिससे इसका लाभ लेने में किसी को दिक्कत न हो। प्रधानमंत्री उज्ज्वला योजना में आवेदन के नाम पर किसी भी प्रकार का शुल्क नहीं देना है। एन.आई.सी. की बेवसाइट, भारत सरकार के पेट्रोलियम एवं प्राकृतिक गैस मंत्रालय की बेवसाइट पर जाकर योजना के लिए ऑनलाइन आवेदन किया जा सकता है। अपने नजदीकी एल.पी.जी. वितरण केंद्र यानी गैस एजेंसी से भी आवेदन फार्म लेकर योजना के लिए आवेदन कर सकती हैं। आवेदन-पत्र के साथ पंचायत प्रधान, नगरपालिका अध्यक्ष द्वारा प्रमाणित बी.पी.एल. प्रमाण-पत्र, फोटो पहचान-पत्र, वोटर कार्ड,

> ***''गरीब माँ लकड़ी के चूल्हे पर खाना बनाती है तो उसका धुआँ उसके अंदर चला जाता है। मैं उन माताओं की पीड़ा को भलीभाँति जानता हूँ। इसलिए इस योजना के माध्यम से मैं उनका यह कष्ट दूर करना चाहता हूँ।''***
>
> **—नरेंद्र मोदी**

आधार कार्ड, बैंक खाता संख्या व हाल की फोटो, बी.पी.एल. राशन कार्ड, बिजली बिल आदि भी लगाने होंगे।

छोटी पहल, बड़ा असर

देश की राजधानी से सटे मेरठ की सुमन की आँखें भर आती हैं, जब वह गैस पर चाय बनाकर बेचने की खुशी को शब्दों में बयाँ नहीं कर पाती। सुमन चाहती है कि एक दिन वो प्रधानमंत्री नरेंद्र मोदी से मिलकर उन्हें धन्यवाद दे, जिन्होंने उनकी तरह समाज की लाखों ऐसी महिलाओं के बारे में सोचा, जिनके पति वक्त से पहले दुनिया छोड़कर चले गए। पति के गुजरने के बाद समाज से उपेक्षित इन महिलाओं ने अपने परिवार का गुजारा चलाने और छोटे बच्चों को पालने के लिए चाय या नाश्ते का ठेला लगा लिया। 8 साल पहले सुमन के पति की मजदूरी करते हुए इमारत से गिरकर मौत हो गई थी। तीन छोटे बच्चों को अकेली माँ कैसे पालती, इसलिए सुमन ने स्कूल के पास चाय का ठेला लगाया। ठेले का किराया, चाय का छोटा-मोटा सामान जुटाने में जो जमा पूँजी थी, लग गई। इतना पैसा नहीं था कि गैस चूल्हा खरीदकर ठेले पर रख ले। स्टोव और जमीन पर चूल्हा लगाकर सुमन ने चाय का ठेला शुरू कर दिया। 1 मई, 2016 को जब सुमन को उज्ज्वला योजना की जानकारी मिली तो स्थानीय पार्षद की मदद से सुमन ने भी आवेदन किया और उन्हें कनेक्शन मिल गया। सरकार द्वारा मुफ्त दिए गए गैस कनेक्शन ने सुमन के एक छोटे से व्यापार के नई दिशा दी है। अब सुमन अपनी चाय की ठेली पर गैस पर चाय बनाकर लोगों को पिलाती है। सुमन कहती है, चूल्हा जलाने में बहुत दिक्कत होती थी, वक्त जाया होता था। आए दिन लोग धुएँ के कारण लड़ने भी आते थे। ईंधन जुटाने में बरसात में बड़ी परेशानी होती थी। इसका असर व्यापार पर होता था। लेकिन उज्ज्वला योजना में मिले निशुल्क गैस कनेक्शन से सारी परेशानी दूर हो गई। अब तो घर का खाना भी गैस पर बनाती हूँ। ग्राहक आता है तो झट से गरम चाय बनाकर देती हूँ। चाय के साथ गरम नाश्ते का काम भी शुरू कर दिया है। उज्ज्वला योजना से मेरा व्यापार बढ़ा है, समय की बचत

हुई और दिनभर आँखों और फेफड़ों में लगने वाले धुएँ से भी राहत मिली है। साथ ही गैस सब्सिडी मिलती है, इससे मुझे बचत भी होने लगी है।

बेहतरी की ओर कदम

वैज्ञानिकों के अनुसार रसोई में चूल्हे में जलती लकड़ियों की खुली आग के धुएँ में एक घंटे बैठने का मतलब है एक साथ 400 सिगरेट का धुआँ पी जाना। प्रधानमंत्री उज्ज्वला योजना को प्रारंभ करने का बड़ा कारण वायु प्रदूषण रोकना है। साथ ही धुएँ से होनेवाली साँस व आँखों की बीमारी से महिलाओं का बचाव है। सीमित संसाधनों वाले जीवाश्म ईंधन पर खाना पकाने से होनेवाले खतरों को कम करना। जीवाश्म ईंधन की खपत को नियंत्रित करना। प्रधानमंत्री उज्ज्वला योजना में सरकार पात्र बी.पी.एल. परिवारों को गैस चूल्हा व सिलेंडर भरवाने की लागत को पूरा करने के लिए ई.एम.आई. की सुविधा दे रही है। साथ ही एल.पी.जी. कनेक्शन के लिए 1600 रुपए की आर्थिक मदद भी कर रही है। प्रमुख बात यह कि गैस कनेक्शन परिवार की महिला के नाम होगा। 8000 करोड़ रुपए के लक्ष्य वाली महत्त्वाकांक्षी योजना के संचालन के लिए बजट 'गिव इट अप' से इकट्ठा हो रहा है। एल.पी.जी. सब्सिडी त्यागने वालों से प्राप्त धन को उज्ज्वला योजना में प्रयोग किया जा रहा है। भारत सरकार अब तक गिव इट अप के जरिए 5000 करोड़ रुपए सब्सिडी के बचा चुकी है। देश के 1.04 करोड़ लोगों ने सब्सिडी छोड़ दी है और बाजार मूल्य पर ही एल.पी.जी. सिलेंडर ले रहे हैं।

(लेखिका अमर उजाला, मेरठ में फीचर एडिटर हैं। विभिन्न शोध पत्रिकाओं के लिए लिखती रही हैं। मूलतः मध्य प्रदेश की रहनेवाली हैं।)

डी.बी.टी. : जनता का हक सीधे जनता को मिला

अविनाश चंद्रा

जनता का धन जनता के पास तक कैसे पहुँचे, यह सवाल लंबे समय से उठ रहा था। सब्सिडी अथवा जनता के हितों से जुड़ी अन्य सरकारी मदद को जनता तक पहुँचाने के कारगर उपायों पर भी चर्चा होती रही है। इसको लेकर विभिन्न अर्थशास्त्रियों एवं विचारकों ने भी अपना मत रखा है। नोबेल पुरस्कार विजेता प्रसिद्ध अमेरिकी अर्थशास्त्री मिल्टन फ्रीडमैन ने सन् 1980 में लिखी अपनी पुस्तक 'फ्री टू चूज' में धन खर्च किए जाने की प्रक्रिया को अध्ययन की सरलता के लिए चार हिस्सों में वर्गीकृत किया था। पहला, आप अपना धन स्वयं पर खर्च करते हैं। दूसरा, आप अपना धन किसी और पर खर्च करते हैं। तीसरा आप किसी और का धन स्वयं पर खर्च करते हैं और चौथा, आप किसी और का धन किसी और पर खर्च करते हैं। उदाहरणों के माध्यम से फ्रीडमैन ने स्पष्ट किया था कि धन खर्च करने का पहला तरीका सबसे ज्यादा किफायती और सर्वाधिक उपयोगिता प्रदान करनेवाला होता है। धन खर्च करने का दूसरा तरीका किफायती होता है, लेकिन उपयोगिता को लेकर संशय होता है। तीसरा तरीका किफायती नहीं होता, लेकिन सर्वाधिक उपयोगिता प्रदान करता है और चौथा तरीका न तो किफायती होता है और न ही सर्वाधिक उपयोगिता वाला होता है। इसे इस

उदाहरण के माध्यम से समझते हैं। यदि मुझे अपने लिए एक कपड़ा खरीदना है तो मेरा प्रयास किफायती दाम में श्रेष्ठ उपयोगिता वाला कपड़ा खरीदना होगा, किंतु यदि मुझे किसी और के लिए अपने पैसे से कपड़ा खरीदना है तो मेरा प्रयास किफायती कपड़ा खरीदने का होगा, भले ही वह दूसरे के लिए श्रेष्ठ उपयोगिता वाला हो अथवा नहीं। इसी प्रकार, यदि मेरे कपड़े का पैसा कोई और चुका रहा है तो मेरा प्रयास कीमत की परवाह न करते हुए श्रेष्ठ उपयोगिता वाला कपड़ा खरीदने का होगा, जबकि यदि किसी और के पैसे से मुझे किसी और के लिए कपड़ा खरीदना होगा तो उसके किफायती और श्रेष्ठ उपयोगिता दोनों होने की संभावना न्यूनतम होगी। अब सरकार के खर्च करने के व्यवहार को उपरोक्त चार तरीकों के आधार पर वर्गीकृत करें तो किसी (टैक्सपेयर्स) और से एकत्र धन को किसी और पर खर्च करने का यह तरीका चौथे अर्थात् गैर-किफायती, गैर-उपयोगी तरीके में आता है। अतः यदि कल्याणकारी सरकार वास्तव में जनता का कल्याण करना चाहती है तो उसे चाहिए कि वह जरूरतमंद को उसकी जरूरत की वस्तु स्वयं खरीदने का मौका उपलब्ध कराए। 2014 के बाद सत्ता में आई भाजपा-नीत सरकार की नीतियाँ डायरेक्ट कैश ट्रांसफर को लेकर बेहद प्रभावी रही हैं। नरेंद्र मोदी के नेतृत्व में केंद्र सरकार ने जन-धन, मोबाइल, आधार (JAM) के तहत अधिक-से-अधिक लोगों को जोड़ने का काम इसलिए किया कि उन्हें डायरेक्ट कैश ट्रांसफर स्कीम का सीधा लाभ बिना किसी भ्रष्टाचार के दिया जा सके। पहले सब्सिडी आदि की राशि उन तक पहुँचने से पहले ही भ्रष्टाचार की भेंट चढ़ जाती थी। लेकिन वर्तमान केंद्र सरकार ने डी.बी.टी. के माध्यम से इस बड़े भ्रष्टाचार लीकेज को रोकने का काम किया है। सरकार द्वारा जारी आँकड़ों के मुताबिक डी.बी.टी. के तहत सितंबर 2016 तक 59 योजनाओं की सब्सिडी

> ***''डी.बी.टी. योजना से ब्लैक मार्केटिंग का अंत होगा और सब्सिडी और प्रभावी तरीके से लाभार्थियों तक पहुँचेगी।''***
>
> **—नरेंद्र मोदी**

और उसका सीधा लाभ आम जनता को दे पाने में केंद्र सरकार कामयाब रही है। इस नीति की वजह से सितंबर 2016 तक 31 करोड़ लाभार्थियों तक इकसठ हजार आठ सौ बाईस करोड़ रुपए पहुँच सके हैं और छत्तीस हजार पाँच सौ करोड़ की बचत हुई है।

भ्रष्टाचार पर नकेल, जनता को लाभ

वर्तमान केंद्र सरकार लोगों को गैस सब्सिडी के पैसे सीधे उनके खाते में उपलब्ध कराकर जनकल्याण का काम कर रही है। इसके लिए गैस कनेक्शन धारकों को महीने में एक निश्चित संख्या में गैस सिलेंडरों पर दी जानेवाली सब्सिडी के बराबर की राशि उनके खाते में पहुँचाई जा रही है। इसकी मॉनीटरिंग के लिए गैस खातों को आधार कार्ड व बैंक खातों से जोड़ा गया है। इस योजना से जहाँ गैस सिलेंडरों का घरेलू उपयोग की बजाय व्यावसायिक अथवा अन्य कामों में इस्तेमाल पर रोक लगी, वहीं लोगों को सस्ती मिलने वाली गैस के बचत के लिए भी प्रोत्साहन मिलने लगा। साथ ही गैस एजेंसियों व डिलीवरी मैन के द्वारा कालाबाजारी पर भी रोक लगाने में सफलता मिली। उत्तर प्रदेश के देवरिया जिला स्थित सजाँव गाँव के विजय प्रकाश बताते हैं कि गैस की सब्सिडी अब उनके खाते में सीधे आ जाती है। ऐसा होने से उन्हें इस बात का आभास होता है कि सरकार की नीयत जनता को लाभ पहुँचाने की है और सरकार उसी दिशा में काम करती नजर आ रही है। पहले होता यह था कि एक व्यक्ति सरकारी मशीनरी की मिलीभगत से एक से अधिक राशन कार्ड, मतदाता पहचान-पत्र, गैस कनेक्शन इत्यादि प्राप्त कर लेता था और न केवल मार्केट में वस्तुओं की कृत्रिम कमी पैदा कर देता था, बल्कि सब्सिडी का भी जमकर दुरुपयोग करता था। उधर जरूरतमंदों के लिए वस्तुएँ या तो उपलब्ध नहीं हो पाती थीं या मजबूरीवश इसके लिए उन्हें ज्यादा मूल्य चुकाना पड़ता था। अब मौजूदा व्यवस्था में चूँकि सभी बैंक अकाउंट, मतदाता पहचान-पत्र, राशन कार्ड इत्यादि को फिंगर प्रिंट, आँखों की पुतलियों के बायोमैट्रिक

पहचान आदि वाले आधार नंबर से जोड़ा जा रहा है, इसलिए एक व्यक्ति के द्वारा सरकारी लाभ के दुहराव पर रोक लगाने में सफलता मिली है।

वर्ष 2015 तक ही इस डायरेक्ट ट्रांसफर स्कीम की सहायता से 15 हजार करोड़ रुपए की धनराशि बचाने में मदद मिली थी। डायरेक्ट ट्रांसफर स्कीम की सफलता से उत्साहित हो सरकार द्वारा इसे राशन वितरण प्रणाली (पी.डी.एस.), उर्वरक सब्सिडी, बीमा योजना सहित अन्य क्षेत्रों में लागू किए जाने के प्रयास जारी हैं। इस योजना की खास बात यह है कि सब्सिडी का पैसा उक्त सेवा के इस्तेमाल के बदले में मिल रहा है, जो कि वास्तविक लाभार्थी द्वारा उक्त सेवा के इस्तेमाल करने की पुष्टि करती है, न कि अंब्रेला सब्सिडी की भाँति, जहाँ किसी एक सेवा हासिल करने के लिए उपलब्ध धन को दूसरी जगह इस्तेमाल किए जाने की सदैव आशंका बनी रहती है।

(लेखक वरिष्ठ पत्रकार एवं वेबपोर्टल आजादी.मी के संपादक हैं। मूलतः उत्तर प्रदेश के रहनेवाले हैं।)

कौशल विकास योजना से बदल रही जिंदगी

ऋषभ कृष्ण सक्सेना

प्रधानमंत्री नरेंद्र मोदी ने जब कौशल विकारा की बात की, तब उनका इरादा कौशल विकास कार्यक्रम के माध्यम से दूर-सुदूर के क्षेत्रों के आम लोगों को स्वावलंबी बनाना था। वे चाहते थे कि हर व्यक्ति कौशल युक्त होकर स्वावलंबी बने। आज कौशल विकास की दिशा में केंद्र सरकार प्रधानमंत्री कौशल विकास योजना का जब मूल्यांकन करते हैं तो ऐसा लगता है कि बदलाव का असर जमीन पर दिखना शुरू हो गया है।

सोनी बेन गुजरात के कच्छ जिले की रहनेवाली हैं। लखपथ तालुका के न्यू जुलराई गाँव की सोनी बेन पशुपालन के जरिए अपने दो बेटों और दो बेटियों को पालती आई हैं। एक वक्त था, जब दो भैंस और दो गाय का दूध बेचकर उन्हें हर महीने 4,000 से 5,000 रुपए मिल पाते थे और गुजारा भी मुश्किल होता था। उसके बाद उन्हें प्रधानमंत्री कौशल विकास योजना का पता चला और कच्छ क्राफ्ट एसोसिएशन की मदद से उन्होंने पशुपालन में कौशल प्रशिक्षण हासिल किया। राष्ट्रीय कौशल विकास निगम (एन.एस.डी.सी.) की वेबसाइट पर सोनी बेन खुद बताती हैं कि प्रशिक्षण में उन्हें मवेशी को खिलाने, उन्हें कम पानी देकर ज्यादा वसायुक्त दूध प्राप्त करने, ज्यादा सफाई के साथ दूध निकालने, मवेशियों का घरेलू इलाज करने के ऐसे गुर हासिल हुए, जो उन्हें पहले नहीं पता थे। पिछले साल यह प्रशिक्षण हासिल करने के बाद उन्होंने बैंक से तीस हजार रुपए का कर्ज लेकर एक भैंस खरीदी। अब उनके

पास तीन भैंस और दो गाय हैं और उनकी महीने की आमदनी भी बढ़कर 7,000 रुपए हो गई है। उन्होंने महज एक भैंस जोड़ी और उनकी आमदनी में 40 फीसद का इजाफा हो गया, क्योंकि प्रशिक्षण में सीखे गुर आजमाने से उन्हें पुराने पशुओं से ज्यादा और बेहतर दूध मिल रहा है।

बदल रहे हैं हालात

सोनी बेन इकलौती नहीं हैं, जिनकी जिंदगी प्रधानमंत्री कौशल विकास योजना ने बेहतर बनाई है। देश के कमोबेश हर हिस्से में पिछले तकरीबन एक-डेढ़ साल में युवाओं से लेकर अधेड़ों तक लाखों लोगों को रोजगार लायक बनने का मौका मिला है। केवल मौका ही नहीं मिला है बल्कि रोजगार भी मिले हैं। इसकी वजह केवल और केवल प्रधानमंत्री कौशल विकास योजना है, जिसे भाजपा-नीत नरेंद्र मोदी सरकार ने पिछले साल लागू किया है। इस योजना के तहत रोजगार देने का आगामी चार साल में 1 करोड़ युवाओं का लक्ष्य रखा गया है। 23 जुलाई, 2016 तक एक लाख सत्तानवे हजार दो सौ पैंसठ युवाओं को प्रशिक्षित किया जा चुका है।

> ***''कौशल विकास का लक्ष्य गरीबों को आत्मसम्मान की भावना प्रदान करना है। हमें कौशल विकास के साथ-साथ गुणवत्ता सुधार पर भी जोर देना होगा। हमें उद्यमिता पर भी जोर देना है।''***
>
> **—नरेंद्र मोदी**

बदला काम करने का तरीका

हालाँकि ऐसा नहीं है कि इससे पहले इस तरह की योजना नहीं थी। पिछली सरकार के पास भी ऐसी ही योजना थी, लेकिन वह योजना इतनी व्यापक नहीं थी और न ही उसे कुछ विशेष उद्योगों पर केंद्रित किया गया था। इसके अलावा उसमें उन संस्थाओं अथवा केंद्रों की निगरानी की कोई व्यवस्था नहीं थी, जिन्हें प्रशिक्षण देने के लिए धन दिया जाता था। जवाबदेही नहीं होने के कारण अकसर प्रशिक्षुओं को आधा-अधूरा प्रशिक्षण मिलता था

और बाद में रोजगार के लिए उन्हें भटकना पड़ता था। लेकिन इस सरकार ने इन केंद्रों की जवाबदेही भी तय की है। अब इन केंद्रों को उनके प्रदर्शन के आधार पर ही रकम दी जाती है और चरणबद्ध तरीके से दी जाती है। सख्त निगरानी होने के कारण प्रशिक्षुओं को भी अच्छी तरह से सिखाया जाता है और सबसे बड़ी बात यह है कि लघु अवधि के कौशल पाठ्यक्रमों को पूरी तरह रोजगारोन्मुखी बनाया गया है और उन्हें उद्योगों की मौजूदा जरूरतों के अनुसार ढाला गया है।

हुनर सीखना बिल्कुल आसान

प्रधानमंत्री कौशल विकास योजना के तहत सरकार विशेष रूप से युवाओं को उद्योगों के हिसाब से और रोजगार देने के लायक प्रशिक्षण देना चाहती है। इसमें प्रशिक्षण पानेवालों को पाठ्यक्रम पूरा होने पर परीक्षा देनी होगी, जिसमें कामयाब होनेवालों को वित्तीय पुरस्कार भी मिलता है और सरकार का प्रमाण-पत्र भी। यह प्रमाण-पत्र रोजगार के लिहाज से बहुत महत्त्वपूर्ण है। इस योजना के तहत प्रशिक्षण पाना भी बहुत आसान है। सबसे पहले अपने राज्य में इसका प्रशिक्षण केंद्र तलाशना होता है, जिनकी सूची इस योजना की आधिकारिक वेबसाइट पर मौजूद रहती है। उस सूची में यह भी लिखा है कि किस केंद्र पर कौन-कौन से प्रशिक्षण दिए जाते हैं। अभ्यार्थी को चुनना होगा कि वह किस तरह का रोजगार चाहता है और उसके मुताबिक पाठ्यक्रम में पंजीकरण कराने के बाद उसका प्रशिक्षण शुरू हो जाता है।

सरकार को हर हुनर की फिक्र

सरकार ने इसके लिए करीब 30 पाठ्यक्रम तय किए हैं, जो रबर, कृषि, वाहन, सौंदर्य, निर्माण, खाद्य, इलेक्ट्रॉनिक्स, बिजली, खनन, दस्तकारी, खेल, दूरसंचार और पर्यटन आदि से जुड़े हुए हैं। ये प्रशिक्षण पाठ्यक्रम बेहद तार्किक और व्यावहारिक भी हैं और आज के हालात को ध्यान में रखते हुए ही बनाए गए हैं। मिसाल के तौर पर खाद्य प्रसंस्करण के पाठ्यक्रम को ही

देखते हैं। उत्तर प्रदेश और बिहार जैसे राज्यों में यह पाठ्यक्रम बहुत काम का है, क्योंकि इन राज्यों में उद्योग अपेक्षाकृत कम लगते हैं, लेकिन खेती बहुत ज्यादा होती है। अगर यहाँ के किसान अपने परिवार में किसी को ऐसा पाठ्यक्रम कराते हैं तो खेती के अलावा उनके पास वैकल्पिक धंधा करने का मौका भी होगा। बैंक से कर्ज लेकर छोटी सी इकाई भी लगा दी गई तो किसान अपने ही खेतों-बगीजों के अनाज, फल, सब्जियों से अचार, चटनी, मुरब्बे बनाकर बेचेंगे और केवल अनाज और सब्जियों की बिक्री के मुकाबले कई गुना मुनाफा हासिल कर पाएँगे। उत्तर प्रदेश में ही केंद्र और राज्य दोनों सरकारें आजकल बुनियादी ढाँचे पर जोर दे रही हैं। भारतीय कृषि कौशल विकास परिषद् द्वारा जैविक खेती, रेशम उत्पादन, ट्रैक्टर चलाना, सिंचाई, पशु स्वास्थ्य प्रशिक्षण आदि की व्यवस्था इस योजना के तहत संचालित है। अगर निर्माण क्षेत्र से जुड़े कम अवधि के पाठ्यक्रमों में प्रशिक्षण लिया जाता है तो रोजगार फौरन हासिल हो जाना लगभग तय है।

हुनर भी, रोजगार भी

बेरोजगारी यों भी सवा अरब से अधिक आबादी वाले भारत के लिए बड़ी परेशानी रही है। पिछली सरकारों के सामने भी यह दिक्कत थी, लेकिन मोदी सरकार ने निश्चित रूप से इससे निपटने का अलग और सही तरीका अपनाया है। कहा भी जाता है कि अगर हाथ में हुनर हो तो भूखा नहीं सोना पड़ता। इसी मुहावरे पर अमल करते हुए सरकार ऐसा प्रशिक्षण दे रही है, जो पूरी तरह से रोजगार दिलाने वाला है। प्रधानमंत्री नरेंद्र मोदी खुद इस बारे में कितने गंभीर हैं, इसका अंदाजा इस बात से लगाया जा सकता है कि प्रशिक्षण का लक्ष्य उन्होंने महज 1 साल में कई गुना बढ़ा दिया है। शुरुआत में इसके तहत 24 लाख लोगों को प्रशिक्षण देने की बात कही गई थी, लेकिन इसी साल 13 जुलाई को केंद्रीय मंत्रिमंडल ने इस योजना को नए रूप में मंजूरी दी। अब 2020 तक इसके तहत 1 करोड़ लोगों को कौशल सिखाने का फैसला सरकार ने किया है। इस पर वह बारह हजार करोड़ रुपए खर्च करने

जा रही है। इसमें नए लोगों को तो प्रशिक्षण दिया ही जाएगा, जो लोग पहले से प्रशिक्षण हासिल कर चुके हैं, उन्हें भी सरकार का प्रमाण-पत्र मिलेगा, जो नौकरी हासिल करने में खासा मददगार होगा।

उत्तर प्रदेश में रोजगार की हालत क्या है, इसका अंदाजा उसी वक्त मिल गया था, जब मौजूदा राज्य सरकार ने सत्ता में आने के बाद बेरोजगारी भत्ता देने का ऐलान किया था। उस वक्त इसके लिए 30 से 40 साल के बीच की उम्र और छत्तीस हजार रुपए सालाना या उससे कम आय को पैमाना बनाया गया था। इसके बावजूद लाखों की तादाद में लोग पंजीकरण कराने आए थे। इसका मतलब है कि उत्तर प्रदेश में 30 से 40 साल उम्र वाले लाखों लोग हर महीने 3,000 रुपए भी नहीं कमा पाते! यह वाकई गंभीर स्थिति है। लोकसभा चुनावों में करारी हार के बाद उत्तर प्रदेश सरकार ने ये भत्ते बंद कर दिए थे, लेकिन खबरों के मुताबिक राज्य सरकार विधानसभा चुनाव नजदीक आने पर एक बार फिर इसकी बात कर रही है। खुद उसके अधिकारी मान रहे हैं कि 25 से 40 साल के करीब 9 लाख लोग बेरोजगार हैं और हर महीने 3,000 रुपए भी नहीं कमा पाते। ऐसी स्थिति में क्या बेहतर है? 1,000 रुपए महीने का भत्ता पाना या 2-3 महीने के भीतर कोई हुनर सीखकर, अपने पैरों पर खड़े होकर इससे कई गुना अधिक रकम हर महीने कमाना? निश्चित रूप से हुनर सीखने का विकल्प ही युवाओं की पहली पसंद होना चाहिए।

(लेखक वर्तमान में बिजनेस स्टैंडर्ड समाचार-पत्र से जुड़े हैं। उत्तर प्रदेश के रहनेवाले हैं।)

स्किल इंडिया : उड़ान की ओर युवा

वर्तिका

प्रधानमंत्री नरेंद्र मोदी द्वारा शुरू की गई 'स्किल इंडिया' अर्थात् 'कौशल भारत कार्यक्रम' की आज अंतरराष्ट्रीय स्तर पर उन चुनिंदा सरकारी प्रयासों में गिनती हो रही है, जिन्होंने एक साल के भीतर देश में युवा क्रांति ला दी है। भारत में तेजी से विभिन्न क्षेत्रों में काम करने के लायक युवा ऊर्जा तैयार हो रही है। 2001 की जनगणना में भारत में 15 साल से 59 साल की 57.7 फीसद जनसंख्या थी, जो 2021 में 64 फीसद होने का अनुमान है। इतनी अपार कार्य क्षमता को देश की उत्पादकता में परिवर्तित करने का भाजपा-नीत केंद्र सरकार का यह अप्रतिम प्रयास भारत के उज्ज्वल भविष्य के प्रति आश्वस्त करता है।

समस्या से समाधान की ओर

वर्ष 2014 में कंफेडरेशन ऑफ इंडियन इंडस्ट्री (सी.आई.आई.) के महानिदेशक ने कहा था कि देश में दक्ष प्रतिभा की बेहद कमी है। उदाहरण के तौर पर उन्होंने बताया था कि केवल 10 फीसद एम.बी.ए. डिग्रीधारक नौकरी देने योग्य हैं। सरकारी और निजी क्षेत्र के लिए प्रतिभा आकलन करनेवाली गुरुग्राम स्थित एक कंपनी व्हीलबॉक्स ने अपनी रिपोर्ट में बताया कि वर्ष 2022 तक बाजार बढ़ेगा और निर्माण एवं संरचना, नियोजित खुदरा बाजार, ऑटो क्षेत्र, वस्त्र एवं कपड़ा क्षेत्र में करोड़ों की संख्या में कुशल श्रमिकों की आवश्यकता होगी। लेकिन सरकार द्वारा संचालित कौशल भारत

कार्यक्रम आज विभिन्न मंत्रालयों और निजी क्षेत्र की मदद से 90 से अधिक पाठ्यक्रमों के माध्यम से देश को बाजार के अनुरूप दक्ष बना रहा है। अब तक लगभग 56 हजार नौजवान विविध क्षेत्रों में कौशल हासिल कर चुके हैं। सरकार अब तक 249 प्रशिक्षण भागीदारों की मदद से 3222 प्रशिक्षण केंद्रों पर कौशल विकास की लौ जला रही है। इस मशाल को अधिक-से-अधिक हाथों में जलाए रखने के निरंतर प्रयास सरकार द्वारा किए जा रहे हैं। सरकार ने 'दीनदयाल ग्रामीण कौशल विकास योजना' के तहत 15 से 35 वर्ष के ग्रामीण क्षेत्रों में रहनेवाले गरीब युवाओं को चिह्नित कर प्रशिक्षित करने का लक्ष्य तय किया है। इसके तहत 75 फीसद प्रशिक्षितों को नौकरी, सामाजिक रूप से वंचित तबके का अनिवार्य कवरेज, तीन माह का प्रशिक्षण पूरा करने पर रोजगार के अवसर एवं अन्य सहायता की दिशा में सरकार काम कर रही है। इसके तहत अभी तक 1100 प्रशिक्षण केंद्रों में 724 प्रशिक्षण कार्यक्रम संचालित हैं। सरकारी आँकड़े के मुताबिक अभी तक 3.5 लाख युवा प्रशिक्षण प्राप्त कर चुके हैं, जिनमे से 1.86 लाख युवाओं को रोजगार प्राप्त हुआ है।

> ***''हिंदुस्तान का नौजवान अपने पसीने से अपने भाग्य को बदलने की क्षमता रखता है। उसे बस अवसर चाहिए।''***
>
> **—नरेंद्र मोदी**

केंद्र सरकार द्वारा संचालित इस कार्यक्रम का सर्वाधिक लाभ उन लोगों को मिल रहा है, जो समाज के हाशिए पर मौजूद थे और अब तक वित्तीय कारणों से अपनी क्षमता का पूरा प्रयोग नहीं कर पा रहे थे। ऐसे लोग अब निशुल्क कार्यक्रमों में हिस्सा लेकर मुख्यधारा में शामिल हो रहे हैं। विभिन्न सरकारों के स्तर पर हुए अथक प्रयासों के बावजूद data.gov.in के मुताबिक ग्रामीण भारत के 26 फीसद लोग अभी भी गरीबी की रेखा के नीचे जी रहे हैं। कौशल भारत इन लोगों के हाथ में हुनर थमाकर इन्हें सम्मानित जीवन जीने का अवसर दे रहा है। अगर पड़ताल करें तो इंटरनेट जरूरतमंद जनता की सफलता के किस्सों से भरा हुआ है।

कौशल भारत ने बदल दी जिंदगी

तेलंगाना के वारंगल जिले में रहनेवाले जी. संतोष के पिता एक किसान थे। स्थानीय स्कूल में ही शिक्षा प्राप्त की। कंप्यूटर हार्डवेयर में उनकी रुचि थी, लेकिन इस कोर्स पर खर्च करने के लिए बीस हजार रुपए उनके पास नहीं थे। एक अखबार के माध्यम से उन्हें राष्ट्रीय सूक्ष्म, लघु और मध्यम उद्यम संस्थान में कंप्यूटर हार्डवेयर के निशुल्क कार्यक्रम के बारे में पता चला। वे उस कार्यक्रम से जुड़े और आज वे अपना व्यवसाय चला रहे हैं। महाराष्ट्र के हुसूर के रहनेवाले हरीश केवल दसवीं तक पढ़ पाए थे। लेकिन उन्होंने लेबरनेट की मदद से ऑटोमोबाइल का काम सीखा। उनके प्रशिक्षण को दो महीने भी पूरे नहीं हुए और आज वे बाइक्स का अपना एक शोरूम होने का सपना देख रहे हैं।

महिलाओं के लिए उपयोगी कार्यक्रम

भारत सरकार द्वारा वर्ष 2012 में अंतिम बार पेशेवर सर्वेक्षण करवाया गया था। इसके अनुसार 15 से 60 साल की 20.5 करोड़ बेरोजगार महिलाएँ घर के चौका-बरतन में लगी हुई हैं। आर्थिक विशेषज्ञों के अनुसार अगर महिलाओं को भी पुरुषों के बराबर काम के अवसर मिलें तो देश का सकल घरेलू उत्पाद 27 फीसद तक बढ़ सकता है। वर्तमान की भाजपा-नीत केंद्र सरकार ने उस सर्वे में आई समस्या को गंभीरता से समझने का प्रयास किया है। कौशल भारत देश की महिलाओं को भी देश के विकास में बराबर का भागीदार बना रहा है। भाजपा-नीत नरेंद्र मोदी सरकार के इस प्रयास के कारण कम पढ़ी-लिखी महिलाएँ भी अपने सपनों की उड़ान भर रही हैं। सामाजिक बंधनों के पाश को तोड़ पा रही हैं। ग्रामीण महिलाएँ, जिन्हें जीवन में कभी अपना निर्णय लेने का अधिकार नहीं मिला, आज आर्थिक रूप से स्वतंत्र होकर अपने फैसले कर पाने में सक्षम हैं।

बंगलुरु की एक कपड़ा एक्सपोर्ट कंपनी में कुशलता से सिलाई मशीन पर हाथ चलाती शशि को देख यह अनुमान लगाना मुश्किल होता है कि

आत्मनिर्भर बन चुकी यह लड़की ओड़िसा के उस ग्रामीण परिवेश से निकलकर आई है, जहाँ कभी कोई अविवाहित लड़की अकेले घर से बाहर नहीं निकली। शशि उन 35 नवयुवतियों में से एक है, जिन्हें 'ग्राम तरंग' संस्था ने प्रशिक्षित कर फैक्टरी में छह महीने के लिए लगभग 7000 रुपए प्रति महीना कमाने का अवसर दिया। इनमें से बहुत सी लड़कियाँ आज अपने घर के पुरुष सदस्यों से अधिक कमा रही हैं। शशि समेत जो लड़कियाँ छह महीने के बाद गाँव नहीं लौटीं, वे स्वेच्छा से बंगलुरु में ही रुककर उसी फैक्टरी में 9000 रुपए तक कमा रही हैं। शशि, ग्राम तरंग और भारत सरकार की इस साझी सफलता को 'न्यूयॉर्क टाइम्स' ने एक लंबे लेख में प्रकाशित किया है।

विदेश में भी सफलता की तारीफ

अंतरराष्ट्रीय स्तर पर प्रधानमंत्री कौशल विकास योजना को भरपूर प्रशंसा और सहयोग प्राप्त हो रहा है। हाल ही में राष्ट्रीय कौशल विकास निगम और भारत–अमरीका उड्डयन सहयोग कार्यक्रम के बीच भारत के उड्डयन क्षेत्र में कौशल विकास पर सहयोग–सहमति बनी है। राष्ट्रीय कौशल विकास निगम और भारत–अमरीका उड्डयन सहयोग कार्यक्रम ने इस सहयोग ज्ञापन पर हस्ताक्षर किए, जिसमें उड्डयन क्षेत्र पर केंद्रित एक उत्कृष्ट केंद्र बनाया जाएगा। इससे पहले ब्रिटेन और भारत भी कौशल विकास के हाथ मिला चुके हैं। इसके तहत विदेशी कौशल प्रदाता देश में अंतरराष्ट्रीय स्तर के दक्ष कर्मचारी तैयार करेंगे। वे विदेशी कंपनियाँ, जो भविष्य में भारत में अपना कारोबार शुरू करने का विचार कर रही हैं, इस समझौते और उसके परिणाम पर बारीकी से नजर रखे हुए हैं। भुवनेश्वर के सेंटूरियन विश्वविद्यालय ने ऑस्ट्रेलिया के खेल और विकास विभाग के साथ साझेदारी की है। इससे विश्वविद्यालय को खेल और व्यावसायिक प्रशिक्षण के लिए कौशल विकास में सहायता प्राप्त होगी। केरल की स्किल एक्सिलेंस एकेडमी ने जर्मनी के साथ मिलकर नर्सिंग, तेल उत्पादन, निर्माण एवं संरचना, उद्यम, सुरक्षा, आतिथ्य जैसे कई क्षेत्रों में एक उत्कृष्ट केंद्र स्थापित करने की योजना बनाई है। भारत

की कौशल विकास की यात्रा में टाटा जैसी कई कंपनियाँ भी अपना हर कदम मिलाकर चल रही हैं।

जिस विशाल जनसंख्या को अब तक भारत के विकास में बाधक समझा जाता रहा है, उसे प्रधानमंत्री नरेंद्र मोदी ने देश की समृद्धि का प्रतीक बना दिया है। जब वर्ष 2020 तक पूरे विश्व में 5.6 करोड़ कर्मचारियों की कमी होगी, तब भारत अपनी आवश्यकता पूर्ति के बाद 4.7 करोड़ की कार्य-कुशल सेना के साथ अन्य देशों के विकास में सहायता देने योग्य होगा। आशा है, अंतरराष्ट्रीय श्रमिक बाजार में अपना डंका बजाने के लिए श्रमिकों के कौशल एवं विकास को समय पर माँग के अनुकूल उन्नत किया जा चुका होगा। प्रधानमंत्री नरेंद्र मोदी एवं उनके नेतृत्व में चल रही केंद्र सरकार ने युवाशक्ति को कौशलयुक्त बनाने की दिशा में जो यह कार्यक्रम शुरू किया है, इसके दूरगामी परिणाम और भी लाभदायक हैं।

(लेखिका बी.बी.सी. एवं आकाशवाणी के साथ जुड़ी रही हैं। विभिन्न पत्र-पत्रिकाओं के लिए लिखती हैं। मूलतः दिल्ली की रहनेवाली हैं।)

मेक इन इंडिया : आत्मनिर्भरता की ओर ठोस कदम

केशव कुमार

मेक इन इंडिया शब्द 'इंडियन डायस्पोरा' के लिए अब सुपरिचित हो गया है। प्रधानमंत्री नरेंद्र मोदी की पहल के बाद इस ओर दुनिया की निगाहें लगी हैं। किसी भी विस्तृत सामाजिक-आर्थिक कार्यक्रम और उसके असर का जल्दबाजी में आकलन नहीं किया जा सकता, लेकिन मेक इन इंडिया का असर नौजवानों पर दिखने लगा है। भारत के राष्ट्रीय प्रतीक से लिया हुआ इसका शुभंकर एक विशाल बब्बर शेर है। इसका निर्माण शांतिपूर्ण प्रगति और चमकीले भविष्य के रास्ते को इंगित करते ढेर सारे पहियों से किया गया है। कई पहियों के साथ चलता हुआ बब्बर शेर हिम्मत, मजबूती, दृढता और बुद्धिमत्ता को इंगित करता है। वैसे तो आर्थिक मामलों के जानकार बहुत पहले से ऐसे किसी कार्यक्रम की जरूरत पर अपनी बात रखते आए, लेकिन इसको अमल में लाने का काम नरेंद्र मोदी के नेतृत्व वाली सरकार ने किया। 25 सितंबर, 2014 को नई दिल्ली में प्रधानमंत्री नरेंद्र मोदी द्वारा शुरू किए 'मेक इन इंडिया' कार्यक्रम का मकसद भारत में निवेश करने के लिए दुनिया भर से मुख्य कारोबारी निवेशकों को बुलाना था। देश में किसी भी क्षेत्र में (उत्पादन, टैक्सटाइल्स, ऑटोमोबाइल्स, निर्माण, खुदरा, रसायन, आई.टी., बंदरगाह, दवा के क्षेत्र में, अतिथि सत्कार, पर्यटन, स्वास्थ्य, रेलवे,

चमड़ा आदि) अपने व्यापार को स्थापित करने के लिए यह एक बड़ा अवसर है। इसके लिए सरकार द्वारा कुल 25 क्षेत्रों को चिह्नित किया गया है। भारत में विनिर्माण पावर हाउस की स्थापना हेतु विदेशी कंपनियों के लिए इस आकर्षक योजना के पास साधन-संपन्न प्रस्ताव है। सेटैलाइट से सबमरीन तक, कार से सॉफ्टवेयर, दवाओं से बंदरगाह तक, कागज से नवीकरणीय ऊर्जा तक के लिए भारत को एक प्रमुख वैश्विक कारोबारी केंद्र बनाने के लिए डिजिटल नेटवर्क के बाजार के सुधार के साथ ही असरदार भौतिक संरचना का निर्माण किया जा रहा है। इसी लक्ष्य पर केंद्रित होकर भारत सरकार ने मेक इन इंडिया अभियान की शुरुआत की। यह अभियान न सिर्फ भारत में कारोबारी निवेश को बड़े पैमाने पर निवेश को आकर्षित कर रहा है, बल्कि देश के अन्यान्य योजनाओं, कार्यक्रमों और अभियानों में भी सबल सहकार देने की भूमिका में आगे बढ़ रहा है।

> ***''मेक इन इंडिया विकास की लौ प्रज्वलित करनेवाला और 125 करोड़ भारतीयों की प्रतिभा, कौशल और नवोन्मेषी अभियान को बढ़ावा देने वाला अभियान है।''***
>
> **—नरेंद्र मोदी**

मेक इन इंडिया का लक्ष्य

मेक इन इंडिया कार्यक्रम के जरिए देश में उत्पादन बढ़ाने, युवाओं के लिए बड़े पैमाने पर रोजगार के अवसर पैदा करने, उत्पादकों के बीच स्वस्थ प्रतिस्पर्धा उपलब्ध करवाने का अभियान बढ़ाने की कोशिश की जी रही है। साथ ही देश के लगभग 65 फीसद युवाओं की स्थिति को सुधारने के लिए 25 नए क्षेत्रों में कौशल को बढ़ाने की मुहिम को भी बढ़ावा मिल रहा है। इस कार्यक्रम की सफलता से अपने देश में 100 से अधिक स्मार्ट सिटी बनाने के प्रोजेक्ट को भी गति मिलेगी। देश में आधारभूत संरचना का विकास होता हुआ दिखने लगा है। दुनिया भर के प्रमुख निवेशकों से असरदार और आसान संचार के लिए मेक इन इंडिया का ऑनलाइन मंच 24 घंटे सभी तरह के संबंधित प्रश्नों का उत्तर देने के लिए विकसित किया गया है। अंतरिक्ष में देश के वैज्ञानिकों की

अभिनव सफलता मंगल मिशन के बाद और अपने तमाम बड़े उद्योगपतियों को साथ लेकर प्रधानमंत्री नरेंद्र मोदी ने मेक इन इंडिया कार्यक्रम का श्रीगणेश किया था। कार्यक्रम को लेकर सदन के अंदर और बाहर राजनीतिक बहसों के बावजूद दो साल बाद मेक इन इंडिया का असर दिखना शुरू हो गया है। इसके तहत मध्यम अवधि में प्रतिवर्ष निर्माण क्षेत्र में 12 से 14 फीसद की बढ़ोतरी का लक्ष्य रखा गया है। 2022 तक सकल घरेलू उत्पाद में विनिर्माण की हिस्सेदारी 16 से 25 फीसद करने की दिशा में सरकार काम कर रही है।

सुधार : आसान हुआ कारोबार करना

मेक इन इंडिया कार्यक्रम नई कार्यविधि, नया बुनियादी ढाँचा, नए क्षेत्र और नई सोच के चार स्तंभों पर आधारित है। इस कार्यक्रम की अवधारणा में स्पष्ट है कि उद्यमशीलता को बढ़ावा देने के लिए सबसे महत्त्वपूर्ण मदद 'कारोबार करने की सुविधा' है। कार्यक्रम का मकसद पूरे कारोबारी चक्र के दौरान इंडस्ट्री को डी-लाइसेंस और डी-रेग्युलेट करना भी है। अभी तक उद्योग-जगत् सरकार को एक नियामक के रूप में देखता आ रहा था। मेक इन इंडिया कार्यक्रम के बाद उद्योगों के साथ सरकार के संवाद में आमूलचूल परिवर्तन होना प्रारंभ हो गया है। सरकार देश के आर्थिक विकास में उद्योगों के साथ साझेदार बन रही है। प्रधानमंत्री नरेंद्र मोदी ने इस कार्यक्रम के लॉन्चिंग के वक्त कहा था कि वह नहीं चाहते कि किसी उद्योग या उद्योगपति को देश छोड़कर जाना पड़े। उन्होंने सरकार पर देशवासियों का भरोसा बढ़ाने की बात के साथ ही कहा था कि कॉरपोरेट गवर्नेंस जरूरी है और संसद के बाहर भी देशवासियों के मन को जगाकर परिवर्तन लाया जा सकता है। उन्होंने एफ.डी.आई. को देशवासियों के लिए एक जिम्मेदारी और विदेशी उद्यमियों के लिए एक अवसर की तरह बताया था। उन्होंने इसे फर्स्ट डवलप इंडिया करार दिया था। सब जानते हैं कि दुनिया में व्यापार के माहौल के मामले में देशों की सूची में भारत का स्थान 130वें नंबर पर है। मेक इन इंडिया कार्यक्रम के तहत सरकार अपने नियमों में खुलापन ला रही है। मेक इन इंडिया आने के

बाद देश में प्रत्यक्ष विदेशी निवेश 46 फीसद तक बढ़ा है। इसके लिए मेक इन इंडिया कार्यक्रम के तहत अपने उत्पादों को कॉस्ट इफेक्टिव बनाने के साथ-साथ अच्छे खरीददारों की जरूरत पर भी तेजी से काम किया जा रहा है। इसके लिए न सिर्फ 'हाईवे' (बुनियादी ढाँचा विकास) के साथ-साथ 'आई-वे' (सूचना प्रौद्योगिकी) को समायोजित किया जा रहा है। साथ ही स्किल डवलपमेंट के लिए पब्लिक-प्राइवेट पार्टनरशिप का मॉडल अपनाने की गति भी बढ़ाई जा रही है।

समृद्धि : तेजी से बढ़ती अर्थव्यवस्था

दुनिया में सबसे तेजी से बढ़ने वाली अर्थव्यवस्था के रूप में भारत अपनी दमदार उपस्थिति दर्ज करा चुका है। प्रधानमंत्री नरेंद्र मोदी दुनिया के विभिन्न देशों में अपने दौरे के दौरान इस बात का जिक्र भी करते हैं। साथ ही मेक इन इंडिया की चर्चा करते हुए विश्व समुदाय को इसके लिए आगे बढ़ने का आह्वान करते हैं। मेक इन इंडिया अभियान की सफलता के लिए आवश्यक श्रम सुधारों और नीतिगत सुधारों को अमल में नहीं लाने की आलोचना पर भी उन्होंने स्वत: संज्ञान लेकर संबंधित मंत्रालय को जरूरी निर्देश दिए हैं। खासतौर पर प्रौद्योगिकी आधारित कंपनियाँ, जो शुरुआती अवधि में इस अभियान से खासी प्रभावित नहीं दिखीं और अपने कंपोनेंट्स का निर्माण चीन में करवा रही थीं, ने भी जल्दी ही अपने रुख में बदलाव के संकेत दिए हैं। चीन के मेक इन चाइना के मुकाबले भारत का मेक इन इंडिया अभियान स्वस्थ प्रतिस्पर्धा में आगे आया है। बीते एक दशक से काफी रफ्तार पकड़ने वाली मेक इन चाइना अभियान ने आउटसोर्सिंग, विनिर्माण और सेवा क्षेत्र में भारत के सामने एक बड़ा प्रतियोगिता रखी थी। भारत अपने इस प्रमुख प्रतिद्वंद्वी के सामने तेज गति से खड़ा हुआ है। मेक इन इंडिया अभियान इसका बड़ा प्रमाण है। विनिर्माण का केंद्र बनने में भारत का बुनियादी ढाँचा और संचालन व्यवस्था सबसे बड़ी बाधा के तौर पर देखा जा रहा था। पूर्ववर्ती सरकारों की नौकरशाही, मजबूत और सघन परिवहन इंतजामों की अपेक्षाकृत कमी और

बड़े पैमाने पर फैला भ्रष्टाचार निवेशकों और कारोबारियों के लिए उत्पादन की मुश्किलें पैदा करता रहा है। नरेंद्र मोदी सरकार ने इन सब बाधाओं को दूर करने का सक्षम प्रयास किया है। अघोषित आय का खुलासा, सिंगल विंडो सिस्टम, करप्शन के खिलाफ कड़ी कार्रवाई, लाइसेंस प्रक्रियाओं में आसानी, डिजिटल इंडिया और मायगॉव डॉट इन जैसी कोशिशों से पारदर्शिता बढ़ाने की पूरी कोशिश की गई है।

बढ़ेगा रोजगार तो आत्मनिर्भर बनेगा देश

निर्माण और कौशल के सदुपयोग में आत्मनिर्भरता के लिहाज से 'मेक इन इंडिया' एक कारगर योजना है। इसमें कोई शक नहीं कि अभी भी इलेक्ट्रॉनिक्स उपकरणों और सेमीकंडक्टर उद्योग के मामले में भारत अन्य देशों पर निर्भर है। कौशल होने के बावजूद निवेश को आकर्षित नहीं कर पाने के कारण हमारे नौजवान अपने देश में रोजगार नहीं ले पा रहे हैं। अवसर को पैदा करने के लिए काम पैदा करना होगा और काम पैदा करने के लिए निवेश की जरूरत है। इस बात को बखूबी समझते हुए केंद्र सरकार ने मेक इन इंडिया कार्यक्रम जारी किया है। इस कार्यक्रम के शुरुआती लक्षण ही बेहद सकारात्मक प्रतीत होने लगे थे और अब यह सही दिशा में आगे बढ़ चुका है। मेक इंडिया का यह कार्यक्रम की सफलता ज़ब दिखेगी तब भारत निर्माण के क्षेत्र में, रोजगार के क्षेत्र में, स्वदेशी के क्षेत्र में, निर्यात के क्षेत्र में दुनिया में अग्रणी होगा। हालाँकि यह त्वरित पूरा होनेवाला लक्ष्य नहीं है, लेकिन सरकार सही दिशा में सही रफ्तार से काम कर रही है।

इन सब कोशिशों के साथ प्राकृतिक संसाधनों से समृद्ध देश भारत अपने शिक्षित और कुशल मानव संसाधन की बदौलत एशिया के आउटसोर्सिंग हब के रूप में तेजी से विकसित होने लगा है। इसके साथ ही विश्व के ज्यादातर निवेशकों के लिए पसंदीदा विनिर्माण डेस्टिनेशन बनता जा रहा है। मेक इन इंडिया की अवधारणा को स्पष्टता से समझते हुए अगर संघीय ढाँचे के अंतर्गत राज्य सरकारों का अपेक्षित सहयोग मिले, कार्यक्रमों का मुस्तैदी से क्रियान्वयन

किया जाए और आमजनों की भागीदारी सुनिश्चित हो जाए तो इसका भव्य असर आनेवाले दिनों में विश्व को दिखेगा। दुनिया के प्रमुख सामरिक देशों में शामिल आर्थिक तौर पर भी विकसित देशों की कतार में तो शामिल होगा ही, संयुक्त राष्ट्र के सुरक्षा परिषद् सहित अन्य अंतरराष्ट्रीय समूहों, मंचों में प्रभावी तौर पर शामिल होने की इसकी दावेदारी को भी मजबूती मिलेगी।

(लेखक पत्रकार हैं। वर्तमान में नेटवर्क 18 समूह में मुख्य उप-संपादक हैं। मूलतः बिहार के रहनेवाले हैं।)

स्मार्ट सिटी योजना : आधुनिक राष्ट्र-निर्माण की दिशा में अभिनव पहल

डॉ. सौरभ मालवीय

किसी भी देश-समाज और राष्ट्र के विकास की प्रक्रिया के आधारभूत तत्त्व, सामाजिक-आर्थिक दृष्टिकोण, वैचारिक स्पष्टता और सांस्कृतिक विकास ही उसका आधार-स्तंभ होता है, जिससे वहाँ के लोग आपसी भाई-चारे से विकास की नैया आगे बढ़ाते हैं। समाज का प्रत्येक वह व्यक्ति जो राष्ट्र का नेतृत्व करना चाहता है, उसके पास राष्ट्र-निर्माण के लिए एक दृष्टि होनी चाहिए, साथ ही उसे क्रियात्मक रूप देने के लिए एक कारगर योजना भी होनी चाहिए।

प्रधानमंत्री नरेंद्र मोदी की राष्ट्रीय सोच और इसी समझ के नाते ही उनके हाथ में देश का नेतृत्व देने का निर्णय लिया गया। मोदीजी ने भी प्रधानमंत्री बनने के बाद हाल- फिलहाल तक किसी भी मोर्चे पर निराश नहीं किया और जनाकांक्षाओं के प्रतीक के रूप में स्वयं को जनता के बीच प्रस्तुत किए हैं, उनके पास दूरदृष्टि और स्पष्ट दृष्टि है, उन्होंने प्रधानमंत्री बनते ही भारत के आधुनिक निर्माण के लिए कई मूर्त कार्य योजनाओं की रूप रेखा प्रस्तुत की। इसी क्रम में उन्होंने भारत के शहरों का जिस कार्य योजना के तहत कायाकल्प करने का निर्णय लिया, उनकी उस अभिनव पहल को स्मार्ट सिटी के रूप में पहचान मिली और इसके तहत ही भारतीय शहरों के आधुनिकीरण

की रूपरेखा बनाई गई। भाजपा सरकार द्वारा देश में ऐसे 100 स्मार्ट शहरों के निर्माण का लक्ष्य है, जो पूरी तरह से आधुनिक संसाधनों से युक्त होंगे। इसके तहत निर्धारित मानदंडों के अनुसार राज्यों से पंद्रह दिन के अंदर स्मार्ट सिटी के लायक शहरों की सूची भेजने का निर्देश दिया गया, साथ ही ऐसा मानक पैमाना बनाया गया, जिसके द्वारा यह सुनिश्चित हो सके कि प्रत्येक राज्य में कम-से-कम एक स्मार्ट सिटी का निर्माण अवश्य किया जा सके।

छोटे शहरों तक जाने का संकल्प

प्रधानमंत्री नरेंद्र मोदी ने 25 जून, 2015 को स्मार्ट सिटी प्रोजेक्ट को देश के सामने प्रस्तुत किया। स्मार्ट सिटी की रूपरेखा प्रस्तुत करते हुए केंद्र सरकार के शहरी विकास मंत्रालय की ओर से बताया गया कि हर राज्य में कम-से-कम एक स्मार्ट सिटी का अवश्य विकास किया जाएगा। साथ ही यह भी स्पष्ट किया गया कि स्मार्ट सिटी का निर्माण दो चरणों में होगा। पहले चरण के तहत नई स्मार्ट सिटीज का निर्माण किया जाएगा और दूसरे चरण में पुरानी स्मार्ट सिटीज का नवीनीकरण किया जाएगा। स्मार्ट सिटी प्रोजेक्ट के तहत केंद्र सरकार ने प्रयोग के तौर पर दो बड़े शहरों के बीच स्मार्ट सिटी के निर्माण का निर्णय किया है। इन स्मार्ट शहरों की खास बात यह है कि इसका निर्माण एक लाख से अधिक की आबादी वाले शहरों में किया जा रहा है। योजना के तहत जिन स्मार्ट शहरों का निर्माण-कार्य होना है, उनका स्वरूप कुछ इस प्रकार निर्धारित है कि वहाँ बिजली-पानी, यातायात, ठोस अपशिष्ट प्रबंधन व साफ-सफाई, गरीबों के लिए सस्ते आवास, ई-गवर्नेंस और शासन में अधिकाधिक नागरिक भागीदारी के रूप में सुशासन, संतुलित पर्यावरण, सबकी बेहतर सुरक्षा, स्वास्थ्य और शिक्षा आदि की व्यवस्था होना

> ***''अर्बनाइजेशन को बड़ा संकट माना गया है, लेकिन मेरा सोचना अलग है। हमें इसे अवसर के रूप में समझना चाहिए। अवसरों को तलाशना जरूरी है।''***
>
> **—नरेंद्र मोदी**

सुनिश्चित किया जाएगा, साथ ही इन शहरों में सूचना प्रौद्योगिकी से संबंधित प्रयोग लायक मूलभूत संसाधनों की सुव्यवस्था भी की जाएगी। स्मार्ट सिटी के विकास के साथ ही इस योजना के अंतर्गत केंद्र सरकार द्वारा जो ध्यान देने योग्य प्रावधान किया गया है, वह यह है कि एक स्मार्ट सिटी को अपने नजदीकी शहर के विकास में मदद करनी होगी।

इस प्रावधान में केंद्र सरकार की विशेषकर प्रधानमंत्री मोदी की दूरदर्शी सोच की झलक मिलती है। उनका मानना है कि आधुनिक सुविधाओं और विकास को सीमित दायरे में नहीं रहना चाहिए, बल्कि उसका लाभ जितना संभव हो सके, आसपास के क्षेत्र के लोगों को भी मिलना चाहिए। आगामी पाँच वर्षों तक के लिए 20 शहरों को स्मार्ट बनाने हेतु केंद्र सरकार की तरफ से इस योजना के तहत अड़तालीस हजार करोड़ रुपए का बजट रखा गया है। विश्लेषण करने पर प्रत्येक शहर के हिस्से में सौ करोड़ रुपए आते हैं। इसके अतिरिक्त शेष राशि राज्य सरकारों, सार्वजनिक-निजी मॉडल समेत केंद्र और राज्य सरकारों द्वारा अन्य माध्यमों से किया जाएगा। इस योजना की प्रगति आदि की निगरानी के लिए केंद्र सरकार के शहरी विकास मंत्रालय के सचिव की अध्यक्षता में एक आठ सदस्यीय समिति का गठन किया गया है। यह समिति स्मार्ट सिटी योजना के लिए संबंधित प्रस्तावों, उनकी प्रगति की निगरानी एवं बजटीय आवंटनों के लिए संबंधित मंत्रालयों और विभागों का अनुमोदन प्राप्त करने का कार्य करेगी। राज्य स्तर पर भी इसकी निगरानी के लिए ऐसी ही एक समिति के गठन की व्यवस्था योजना में रखी गई है।

केंद्र सरकार की इस बात के लिए भी प्रशंसा की जानी चाहिए कि इस योजना का निर्माण राजनीतिक आग्रहों और दुराग्रहों से मुक्त होकर किया गया है। अगर ऐसा नहीं होता तो विरोधी विचारधारा, समाजवादी पार्टी की नेतृत्व वाले राज्य उत्तर प्रदेश के सर्वाधिक शहरों को इस प्रोजेक्ट में स्थान नहीं मिलता; क्योंकि प्रधानमंत्री मोदी के भारत के विकास का जो नजरिया है, वह व्यापक है। उनका मानना है कि देश का विकास एक व्यापक लक्ष्य

है, इसके लिए कार्य योजना बनाते समय समग्रता से समाज के प्रत्येक वर्ग को ध्यान में रखकर चलना चाहिए।

राष्ट्र के परम वैभव तक पहुँचने तक सभी राजनीतिक दलों को आपसी मतभेद दरकिनार कर राष्ट्र–निर्माण में अपनी भूमिका सुनिश्चित करनी चाहिए। इस लिहाज से भी स्मार्ट सिटी प्रोजेक्ट के गर्भ में भविष्य के भारत की सुनहरी तसवीर छिपी हुई है। देश में कई महानगर हैं, वहाँ सुविधाओं की कोई कमी नहीं है। सारे संसाधन उन्नत अवस्था में हैं, लेकिन सही मायने में देश का विकास तभी होगा, जब उन्नत संसाधनों की पहुँच तक राष्ट्र के आम नागरिक को न जाना पड़े, बल्कि वे ही आसानी से उसकी पहुँच में हो। स्मार्ट सिटी के विकास के बाद राष्ट्र के विकेंद्रीकृत व्यवस्था को धरातल पर लाने में भी पूरा सहयोग मिलेगा और विकास की धारा आसानी से गाँवों में पहुँच सकेगी। कुछ लोग प्रधानमंत्री मोदी पर शहरवादी और पूँजीपतिवादी होने का आरोप लगाते हैं, जबकि वे इस प्रोजेक्ट के माध्यम से पूँजी और पूँजीपतियों की दिशा गाँवों की ओर करना चाहते हैं। प्रधानमंत्री की योजना स्मार्ट सिटी के बाद स्मार्ट गाँव बनाने की भी है, ताकि छोटे शहर के छात्रों, कलाकारों और उद्यमियों को एक प्लेटफॉर्म दिलाने के बाद गाँव के युवाओं को भी बेहतर अवसर के लिए मंच उपलब्ध कराया जा सके। वास्तविक विकसित राष्ट्र की पहचान उसके सर्वाधिक विकसित शहरों से नहीं होती बल्कि उसके पास कितने सर्वाधिक विकसित शहर हैं, से होती है। अतः पूरे विश्वास के साथ कहा जा सकता है कि प्रधानमंत्री नरेंद्र मोदी का यह अभिनव प्रयोग समृद्ध, सुदृढ और सशक्त भारत का निर्माण करनेवाला सिद्ध होगा तथा स्मार्ट सिटी जैसी योजनाओं की मदद से ही भारत सही मायने में 21वीं सदी में विकसित राष्ट्र बन सकेगा।

(लेखक माखनलाल चतुर्वेदी राष्ट्रीय पत्रकारिता एवं संचार विश्वविद्यालय, भोपाल में सहायक प्राध्यापक हैं। मूलतः उत्तर प्रदेश के रहनेवाले हैं।)

डिजिटल इंडिया : बदलने लगी देश की तसवीर

शशांक द्विवेदी

देश में लगभग 20 करोड़ लोग इस समय इंटरनेट का प्रयोग कर रहे हैं। रोटी, कपड़ा और मकान की तरह अब इंटरनेट भी आम आदमी की बुनियादी जरूरतों में शामिल हो गया है। ऐसे में देश में आम आदमी तक इंटरनेट के विस्तार और तकनीकी पहुँच के लिए भाजपा-नीत नरेंद्र मोदी सरकार ने पिछले साल 2015 में डिजिटल इंडिया कार्यक्रम की शुरुआत की, डिजिटल युग के इतिहास में पहली बार इतने बड़े पैमाने पर डिजिटल क्रांति की शुरुआत कही जा सकती है। सच्चाई यह भी है कि आज के इस आधुनिक दौर में डिजिटल क्रांति के बिना देश तरक्की नहीं कर सकता।

डिजिटल इंडिया अभियान का मकसद आम आदमी से जुड़ी हुई सेवाओं की आपूर्ति को ई-सेवाओं से जोड़ना है। जिसके लिए देश के हर गाँव में इंटरनेट की सुविधा उपलब्ध होगी और हर सुविधा को ऑनलाइन किया जाएगा। मोदी सरकार इस अभियान के जरिए एजुकेशन, अस्पताल, सरकारी दफ्तरों, दस्तावेजों की सिक्योरिटी आदि सेवाओं को जोड़ने की दिशा में काम कर रही है। जिससे आम आदमी के सब काम कंप्यूटर की महज एक क्लिक से संभव हो जाएगा। डिजिटल इंडिया अभियान का उद्देश्य समृद्ध भारत और ई-साक्षर भारत है, जिसके दम पर सशक्त भारत का निर्माण करना है।

डिजिटल इंडिया अभियान का उद्देश्य

सरकार डिजिटल क्रांति के जरिए आम आदमी के सपनों को साकार करना चाहती है, जिसके तहत देश के हर गाँव को इंटरनेट से जोड़ा जाएगा। जिसकी शुरुआत प्रधानमंत्री सरकार ने कर दी है, जिसको 2015 से लेकर 2018 तक चरणबद्ध तरीके से लागू किया जाएगा। डिजिटल इंडिया अभियान की शुरुआत के साथ ही देश में 4.5 लाख करोड़ रुपए का निवेश का ऐलान हुआ, जिससे 18 लाख लोगों को रोजगार मिलने की प्रबल संभावना जताई गई है। सरकार इस अभियान के तहत आम आदमी से जुड़ी हुई सेवाओं को डिजिटल करना चाहती है।

> ***''मैं एक ऐसे डिजिटल इंडिया का सपना देखता हूँ, जो सरकारी व्यवस्था को पारदर्शी बनाती और लोगों के जीवन में बदलाव लाती है।''***
>
> **—नरेंद्र मोदी**

इस कार्यक्रम का मुख्य उद्देश्य भारत के प्रत्येक नागरिक को इंटरनेट की विशालतम दुनिया से जोड़कर ग्लोबल बनाने का है। इसके तीन स्तर होंगे—

1. डिजिटल आधारभूत संरचना का निर्माण,
2. डिजिटल माध्यम से सेवाओं को लोगों तक पहुँचाना,
3. डिजिटल साक्षरता।

क्यों पड़ी डिजिटल इंडिया कार्यक्रम की जरूरत

भाजपा-नीत केंद्र सरकार के पहले किसी भी सरकार ने जरूरी सेवाओं को आम आदमी तक पहुँचाने के लिए डिजिटल क्रांति का सहारा इतने व्यापक तौर पर नहीं लिया, न ही इतने बड़े निवेश के साथ कोई बड़ा कार्यक्रम चलाया। जिसकी वजह से देश पिछड़ता गया क्योंकि आज के समय में विकसित देशों की सफलता का रहस्य आम व्यक्ति तक तकनीक की पहुँच होना है।

अब मोदी सरकार डिजिटल इंडिया के जरिए आम आदमी को प्रत्यक्ष तौर पर सभी सरकारी सेवाओं से जोड़ना चाहती है, ताकि उनकी जरूरतों को कम-

से-कम समय में पूरा किया जा सके और उन्हें लंबे समय तक इंतजार न करना पड़े। इस अभियान के तहत शिक्षा, अस्पताल समेत सभी चिकित्सा सेवाओं और सरकारी दफ्तरों को गाँव से देश की राजधानी से जोड़ा जाएगा, जिसके लिए 2019 तक 2.5 लाख गाँवों में ब्रॉडबैंड सेवा उपलब्ध होगी। इसके माध्यम से आम आदमी सरकार से प्रत्यक्ष तौर पर जुड़ेगा। इसके अलावा सरकार देश भर में वाई-फाई की सुविधा उपलब्ध कराएगी, ताकि आम आदमी को किसी भी काम के लिए इंतजार न करना पड़े। इसके साथ ही सारे काम ऑनलाइन होने से कागज की भारी बचत होगी, जिससे पर्यावरण को भी फायदा होगा।

डिजिटल इंडिया कार्यक्रम के नौ प्रमुख उद्देश्य

1. ब्रॉडबैंड हाइवेज—सामान्य तौर पर ब्रॉडबैंड का मतलब दूरसंचार से है, जिसमें सूचना के संचार के लिए आवृत्तियों (फ्रीक्वेंसीज) के व्यापक बैंड उपलब्ध होते हैं। इस कारण सूचना को कई गुणा तक बढ़ाया जा सकता है और जुड़े हुए तमाम बैंड की विभिन्न फ्रीक्वेंसीज या चैनलों के माध्यम से भेजा जा सकता है। ब्रॉडबैंड हाइवे निर्माण से अगले तीन सालों के भीतर देश भर के ढाई लाख पंचायतों को इससे जोड़ा जाएगा और लोगों को सार्वजनिक सेवाएँ मुहैया कराई जाएँगी।

2. मोबाइल कनेक्टिविटी सभी के लिए—देश भर में तकरीबन सवा अरब की आबादी में मोबाइल फोन कनेक्शन की संख्या जून 2014 तक करीब 80 करोड़ थी। शहरी इलाकों तक भले ही मोबाइल फोन पूरी तरह से सुलभ हो गया हो, लेकिन देश के विभिन्न ग्रामीण इलाकों में अभी भी इसकी बेहतर सुविधा मुहैया नहीं हो पाई थी। हालाँकि बाजार में निजी कंपनियों के कारण इसकी सुविधा में पिछले एक दशक में काफी बढ़ोतरी हुई है। देश के पचपन हजार गाँवों में अगले पाँच वर्षों के भीतर मोबाइल संपर्क की सुविधा सुनिश्चित करने के लिए बीस हजार करोड़ के यूनीवर्सल सर्विस ऑब्लिगेशन फंड (यू.एस.ओ.एफ.) का गठन किया गया है। इससे ग्रामीण उपभोक्ताओं के लिए इंटरनेट और मोबाइल बैंकिंग के इस्तेमाल में आसानी होगी।

3. पब्लिक इंटरनेट एक्सेस प्रोग्राम—भविष्य में सभी सरकारी विभागों तक आम आदमी की पहुँच बढ़ाई जाएगी। पोस्ट ऑफिस के लिए यह दीर्घावधि विजन वाला कार्यक्रम हो सकता है। इस प्रोग्राम के तहत पोस्ट ऑफिस को मल्टी-सर्विस सेंटर के रूप में बनाया जाएगा। नागरिकों तक सेवाएँ मुहैया कराने के लिए यहाँ अनेक तरह की गतिविधियों को चलाया जाएगा।

4. ई-गवर्नेंस—प्रौद्योगिकी के जरिए सरकार को सुधारना, सूचना प्रौद्योगिकी का इस्तेमाल करते हुए बिजनेस प्रोसेस री-इंजीनियरिंग के ट्रांजेक्शंस में सुधार किया जाएगा। विभिन्न विभागों के बीच आपसी सहयोग और आवेदनों को ऑनलाइन ट्रैक किया जाएगा। इसके अलावा, स्कूल प्रमाण-पत्रों, वोटर आई.डी. काड्‌र्स आदि की, जहाँ जरूरत पड़े, वहाँ इसका ऑनलाइन इस्तेमाल किया जा सकता है। यह कार्यक्रम सेवाओं और मंचों के एकीकरण—यू.आई.डी.ए.आई. (आधार), पेमेंट गेटवे (बिलों के भुगतान) आदि में मददगार साबित होगा। साथ ही सभी प्रकार के डाटाबेस और सूचनाओं को इलेक्ट्रॉनिक माध्यम से मुहैया कराया जाएगा।

5. ई-क्रांति सेवाओं की इलेक्ट्रॉनिक डिलीवरी—इसमें अनेक बिंदुओं को फोकस किया गया है। ई-एजुकेशन के तहत सभी स्कूलों को ब्रॉडबैंड से जोड़ने, सभी स्कूलों (ढाई लाख) को मुफ्त वाई-फाई की सुविधा मुहैया कराने और डिजिटल लिटरेसी कार्यक्रम की योजना है। किसानों के लिए रीयल टाइम कीमत की सूचना, नकदी, कर्ज, राहत भुगतान, मोबाइल बैंकिंग आदि की ऑनलाइन सेवा प्रदान करना।

स्वास्थ्य के क्षेत्र में ऑनलाइन मेडिकल सलाह, रिकॉर्ड और संबंधित दवाओं की आपूर्ति समेत मरीजों की सूचना से जुड़े एक्सचेंज की स्थापना करते हुए लोगों को इ-हैल्थकेयर की सुविधा देना। न्याय के क्षेत्र में ई-कोर्ट, ई-पुलिस, ई-जेल, ई-प्रॉसिक्यूशन की सुविधा, वित्तीय इंतजाम के तहत मोबाइल बैंकिंग, माइक्रो-एटीएम प्रोग्राम चलाया जाएगा।

6. सभी के लिए जानकारी—इस कार्यक्रम के तहत सूचना और दस्तावेजों तक ऑनलाइन पहुँच कायम की जाएगी। इसके लिए ओपन डाटा

प्लेटफॉर्म मुहैया कराया जाएगा, जिसके माध्यम से नागरिक सूचना तक आसानी से पहुँच सकेगी। नागरिकों तक सूचनाएँ मुहैया कराने के लिए सरकार सोशल मीडिया और वेब आधारित मंचों पर सक्रिय रहेगी। साथ ही, नागरिकों और सरकार के बीच दोतरफा संवाद की व्यवस्था कायम की जाएगी।

7. इलेक्ट्रॉनिक्स क्षेत्र में आत्मनिर्भरता—इलेक्ट्रॉनिक्स क्षेत्र से जुड़ी तमाम चीजों का निर्माण देश में ही किया जाएगा। इसके तहत नेट जीरो इंपोर्ट्स का लक्ष्य रखा गया है, ताकि 2020 तक इलेक्ट्रॉनिक्स के मामले में आत्मनिर्भरता हासिल की जा सके। इसके लिए आर्थिक नीतियों में संबंधित बदलाव भी किए जाएँगे। फैब-लेस डिजाइन, सेट टॉप बॉक्स, वीसेट, मोबाइल, उपभोक्ता और मेडिकल इलेक्ट्रॉनिक्स, स्मार्ट एनर्जी मीटर्स, स्मार्ट कार्ड्स, माइक्रो-एटीएम आदि को बढ़ावा दिया जाएगा।

8. रोजगारपरक सूचना प्रौद्योगिकी—देश भर में सूचना प्रौद्योगिकी के प्रसार से रोजगार के अधिकांश प्रारूपों में इसका इस्तेमाल बढ़ रहा है। इसलिए इस प्रौद्योगिकी के अनुरूप कार्यबल तैयार करने को प्राथमिकता दी जाएगी। कौशल विकास के मौजूदा कार्यक्रमों को इस प्रौद्योगिकी से जोड़ा जाएगा।

9. अर्ली हार्वेस्ट प्रोग्राम्स—डिजिटल इंडिया कार्यक्रम को लागू करने के लिए पहले कुछ बुनियादी ढाँचा बनाना होगा, यानी इसकी पृष्ठभूमि तैयार करनी होगी। साथ ही, इसके लिए कुशल श्रमशक्ति की भी जरूरत पड़ेगी, जिसे तैयार करना होगा।

डिजिटल इंडिया कार्यक्रम का मूल्यांकन

डिजिटल इंडिया के तहत मौजूदा योजनाओं में एक लाख करोड़ और नई योजनाओं और गतिविधियों में 13 हजार करोड़ रुपए खर्च किए जा रहे हैं। 1.7 करोड़ लोगों को सीधे रोजगार, जबकि 8.5 करोड़ लोगों को अप्रत्यक्ष रोजगार के अवसर उपलब्ध होंगे। दूरसंचार और आई.टी. मंत्रालय इस कार्यक्रम के क्रियान्वयन की नोडल एजेंसी है और वह डिजिटल इंडिया की सफलता सुनिश्चित करने के लिए इससे जुड़े इन्फ्रास्ट्रक्सर का निर्माण करेगी। इससे

भी रोजगार का सृजन होगा। इस कैंपेन के तहत सरकार आई.टी., टेलीकॉम और इलेक्ट्रॉनिक्स सेक्टर के विस्तार पर पर्याप्त ध्यान देगी। इसके तहत लोगों को उचित प्रशिक्षण भी दिया जाएगा। इस कार्यक्रम के तहत सरकारी आँकड़ों के मुताबिक अभी तक 1 लाख 11 हजार किलोमीटर फाइबर ऑप्टिकल लाइनें बिछाई जा चुकी हैं। एक और आँकड़े में यह बात सामने आई है कि गत फरवरी 2016 तक 82 फीसद लोग जन संचार सेवाओं से जुड़ चुके हैं।

मोदी सरकार आने के बाद शासकीय कार्यों में ई-शासन को पर्याप्त बल मिला है। जनता की शिकायत का मामला हो अथवा किसी भी किस्म का सुझाव संबंधी विषय हो, आम व्यक्ति की पहुँच प्रधानमंत्री तक पहले की तुलना में सहज हुई है। ई-टेंडर जैसी व्यवस्था के लागू होने से भ्रष्टाचार एवं लेट-लतीफ को भी लगाम लगी है।

(लेखक राजस्थान स्थित मेवाड़ यूनिवर्सिटी में डिप्टी डायरेक्टर (रिसर्च) हैं। विभिन्न पत्र-पत्रिकाओं में लिखते हैं। मूलतः उत्तर प्रदेश के रहनेवाले हैं।)

बालिकाओं के जीवन स्तर में 'अच्छे दिन' की आहट

अनन्या अवस्थी

क्या कभी हमने इस बात पर हैरानी प्रकट की है कि आजादी के बाद लगभग 70 सालों के दौरान पिछली किसी भी सरकार ने भारत में बालिकाओं की बदहाली को दूर करने के लिए कोई ठोस पहल नहीं की थी? भारत वह भूमि है, जहाँ लड़कियों को सदियों से देवियों का दर्जा दिया जाता रहा है, तो फिर बड़ा सवाल है कि इतने वर्षों तक लाखों देवियाँ कुपोषित, अशिक्षित, हाशिए पर क्यों रह रही थीं?

लेकिन अब और नहीं, प्रधानमंत्री मोदी के नेतृत्व में गठित भाजपा-नीत सरकार ने बालिकाओं के विकास को अपने कार्यक्रमों में राष्ट्रीय प्राथमिकता का दर्जा दिया है। सरकार गठन के कुछ ही महीनों में ही प्रधानमंत्री मोदी ने राष्ट्रीय स्तर पर 'बेटी बचाओ, बेटी पढ़ाओ' कार्यक्रम की घोषणा की, जिससे कि जनता में बालिका के जन्म पर खुशियाँ मनाने की प्रवृत्ति का विस्तार हो, बालिकाएँ शिक्षित हों तथा उनकी स्थिति को बेहतर किया जा सके। वह राज्य जो पिछले कुछ वर्षों से कन्या भ्रूण हत्याओं के कारण कुख्यात रहा है, प्रधानमंत्री नरेंद्र मोदी ने उसी राज्य हरियाणा को इस राष्ट्रीय आंदोलन की शुरुआत के लिए चुना। इतिहास में शायद पहली बार ऐसा हुआ कि बालिकाओं के बेहतरी की दिशा में भारत जैसे विशाल लोकतंत्र में 20 करोड़ बालिकाओं के जीवन में सुधार लाने का यह दृढ आंदोलन शुरू किया गया। स्वतंत्रता दिवस के अवसर पर लाल किले से प्रधानमंत्री नरेंद्र मोदी ने व्यक्तिगत रूप से भारत के नागरिकों

को 'बेटी बचाओ, बेटी पढ़ाओ' आंदोलन में सामाजिक योगदान देने का आह्वान किया। कन्या भ्रूण हत्या करने को एक किस्म का 'मानसिक पागलपन' बताते हुए प्रधानमंत्री मोदी ने कहा कि एक बालिका को शिक्षित एवं सशक्त बनाकर हम समाज और देश को पिछड़ेपन से मुक्त करा सकते हैं। इस योजना पर 24 सितंबर, 2016 तक लगभग 94.21 करोड़ की राशि खर्च की गई है।

अभियान की पहुँच एवं उद्‌देश्य

सरकार के प्रयासों से बहुल प्रक्रियाओं वाला यह कार्यक्रम उन खास 100 से ज्यादा जिलों तक पहले ही पहुँच चुका है, जहाँ लड़कियों के जन्म का अनुपात काफी कम रहा है। इस कार्यक्रम का मुख्य उद्‌देश्य लिंग आधारित पक्षपात को खत्म करना, बालिकाओं के अस्तित्व और सुरक्षा को सुनिश्चित करना तथा उनकी शिक्षा का विस्तार करना है। सरकार ने बालिकाओं के सर्वांगीण उन्नति हेतु सिर्फ एक योजना को ही नहीं, बल्कि कई योजनाओं का महिला एवं बाल विकास मंत्रालयों, स्वास्थ्य एवं कल्याण मंत्रालय तथा मानव संसाधन विकास मंत्रालयों के माध्यम से सभी 29 राज्यों और 7 केंद्रशासित प्रदेशों में क्रियान्वयन करने की दिशा में ठोस प्रयास किया है। इस कार्यक्रम के अंतर्गत सामाजिक क्रांति, प्रसार, लिंग-जाँच आधारित गर्भपात के खिलाफ कठोर कार्रवाई करना, सामाजिक बदलाव हेतु पंचायती राज संस्थाओं/जनसंपर्क कार्यकर्ताओं को संगठित कर उनको प्रशिक्षण देना और बालिकाओं व अन्य बच्चों के अधिकारों को उन तक पहुँचाना सुनिश्चत किया गया है।

> ***''बेटियों का सही सम्मान नहीं करनेवाला समाज कभी प्रगति नहीं कर सकता है। हमारा मंत्र है, 'बेटी बचाओ, बेटी पढ़ाओ'।''***
>
> **—नरेंद्र मोदी**

इस आंदोलन में जन-जन का सहयोग पाने हेतु प्रधानमंत्री नरेंद्र मोदी ने 'सैल्फी विद डॉटर' आदि नए और आधुनिक तरीकों का उपयोग किया, जिसका असर एक बड़े वर्ग पर पड़ा और यह सोशल मीडिया सहित मुख्यधारा की मीडिया में भी दिखा।

सरपंच बना इस अभियान का वाहक

देश की बेटियों के जीवन में बेहतरी के लिए केंद्र सरकार द्वारा उठाए गए इस संकल्प की पहुँच उन इलाकों में भी हुई, जहाँ इसकी वाकई जरूरत थी। इस अभियान से प्रभावित होकर हरियाणा के एक गाँव का सरपंच प्रधानमंत्री को 'सैल्फी विद डॉटर' भेजकर बालिका कल्याण का एक प्रतीकात्मक प्रचारक बन गया। कन्याओं की सुरक्षा और उन्नति के संदेश को रेडियो और टेलीविजन के माध्यमों से दूर-सुदूर के गाँवों, जिलों और प्रखंडों तक पहुँचाया गया। इस अभियान से प्राप्त सकारात्मक परिणाम को निश्चित ही सहजता से देखा जा सकता है। किसी भी गाँव की किसी आम महिला से पूछे जाने पर वह सरकार के 'बेटी बचाओ, बेटी पढ़ाओ' कार्यक्रम के क्रियान्वयन को पुख्ता कर देगी।

आँकड़े गवाह हैं अभियान की सफलता के

सामाजिक स्तर पर सरकार द्वारा चलाए गए सरकार के इस आंदोलन के परिणामस्वरूप 'स्वास्थ्य और डैमोग्राफिक डाटा सांख्यिकी' के आँकड़े यह दरशाते हैं कि सबसे कम कन्या जन्म-दर वाले हरियाणा राज्य में कन्याओं की जन्म-दर आजादी के बाद पहली बार बढ़ रही है। अन्य राज्यों से भी ऐसे अच्छे परिणाम आ रहे हैं, जहाँ कन्या जन्म दर कम थी। उदाहरण के तौर पर, निदेशालय, परिवार कल्याण विभाग, राजस्थान सरकार के आँकड़ों में राज्य सरकार की सुविधाओं के अंतर्गत पिछले साल जनमे 7.04 लाख बच्चों में 3.54 लाख लड़कों का और 3.5 लाख लड़कियों का जन्म हुआ। अत: 1000 लड़कों के जन्म की तुलना में जो पिछला कन्या जन्म दर अनुपात 888 था, वह अब 987 है। जन स्वास्थ्य सुविधा के तहत कन्या के जन्म पर 7.16 लाख अभिभावकों तक राजस्थान मुख्यमंत्री द्वारा हस्ताक्षरित 'बधाई संदेश' पहुँच चुके हैं। यहाँ तक कि इस अभियान से प्रेरित होकर बीकानेर के 40 डॉक्टरों ने निस्स्वार्थ भाव से, अपने परिवारों में रह रही कई कन्याओं की शिक्षा और स्वास्थ्य का ध्यान रखने का जिम्मा भी उठा लिया है। उपरोक्त तथ्य यह दरशाते हैं कि 'बेटी बचाओ, बेटी पढ़ाओ' आंदोलन से सँवरती सामाजिक सोच में बदलाव देखा जा रहा है।

'सशक्त बालिका, सशक्त समाज'

इस कार्यक्रम के अतिरिक्त भाजपा-नीत केंद्र सरकार ने बालिकाओं और बालकों को बराबरी का दर्जा देते हुए कई अन्य योजनाएँ भी शुरू की हैं। उदाहरणस्वरूप, 'सुकन्या समृद्धि योजना' को ही ले जीजिए। यह योजना बालिकाओं को विशेष जमा योजना उपलब्ध करा रही है। इस जमा राशि पर 9.1 फीसद की दर से ब्याज के साथ आय-कर छूट भी दी जा रही है। इस योजना से लड़कों की तुलना में लड़कियों के साथ भेदभाव की भावना का अंत करने का प्रयास किया जा रहा है। इस योजना के तहत बालिका की आयु 18 वर्ष होने से पहले इस जमा राशि को नहीं निकालने का प्रावधान भी कम आयु में विवाह रोकने हेतु ही किया गया है। इसके साथ ही, प्रधानमंत्री नरेंद्र मोदी ने मातृत्व अवकाश की अवधि को 6 महीने तक बढ़ा दिए जाने के लिए संसद् में बिल पारित कराने की भी बात उठाई है। वहीं दूसरी ओर केंद्र की भाजपा-नीत सरकार 'प्री-कन्सेप्शन और प्री-नेटल डाइग्नास्टिक टैक्नीक्स ऐक्ट, 1994' को सख्ती से लागू करा रही है, ताकि तकनीक का लिंग निर्धारण करने में दुरुपयोग न हो सके। इसके तहत अकेले राजस्थान में 8000 औचक मुआइने किए जा चुके हैं तथा अनियमितताओं के कारण 482 मशीनों को भी जब्त किया गया है। 'बेटा-बेटी एक समान' संदेश के प्रसार के साथ-साथ भाजपा-नीत केंद्र सरकार ने सार्वजनिक सड़क यातायात में महिलाओं की सुरक्षा योजना के लिए सड़क यातायात और राष्ट्रीय राजमार्ग मंत्रालय को 50 करोड़ रुपए की राशि का आवंटन किया है। गृह मंत्रालय द्वारा महिलाओं की सुरक्षा हेतु 150 करोड़ रुपए की राशि प्रदान की जा रही है। 'निर्भया फंड' से इस वर्ष संकट प्रबंधन केंद्रों (क्राइसिस मैनेजमेंट सेंटर्स) की स्थापना दिल्ली में करने का भी प्रस्ताव है।

सुकन्या समृद्धि योजना

सुकन्या समृद्धि योजना भाजपा-नीत केंद्र सरकार की एक लोक कल्याणकारी योजना है। इसकी शुरुआत 'बेटी पढ़ाओ, बेटी बचाओ' योजना के अंतर्गत हुई थी। इसका शुभारंभ 2 दिसंबर, 2014 को हुआ। इस योजना

के नियम के तहत जन्म से लेकर 10 साल की आयु की लड़की के लिए बैंक खाता खुलवाया जा सकता है। प्रावधानों के मुताबिक जब तक लड़की 10 साल तक की आयु पार न करे, तब तक उसके माता-पिता या अभिभावक, सगे संबंधी या फिर कानूनी सलाहकार उस खाते की देख-रेख का दायित्व ले सकते हैं। कन्या 10 साल की आयु पार करते ही अपने खाते का उत्तरदायित्व सँभाल सकती है। सुकन्या समृद्धि योजना के नियमानुसार 10 साल की उम्र और सिर्फ एक ही बार के लिए एक साल की छूट यानी कि तारीख को 2 दिसंबर, 2003 और 1 दिसंबर, 2004 के बीच जन्मी इस खास एक साल की छूट का फायदा ले सकती है। सुकन्या समृद्धि योजना के तहत न्यूनतम राशि एक हजार रुपए और अधिकतम राशि एक लाख पचास हजार रुपए तक की रखी गई है, जो कि पूरी तरह से कर-मुक्त होगी, और उसके ब्याज पर भी कोई टैक्स नहीं लगेगा। जमाकर्ता यानी कि कन्या के पालक को खाता खोलने के समय से 14 साल तक राशि जमा करने की अनुमति होती है, उसके बाद खाता परिपक्वता की तारीख तक कोई राशि जमा नहीं कर सकते। सुकन्या समृद्धि योजना के तहत लड़की खाता धारक को बचत पर एक अच्छी ब्याज दर मिलती है। ***(रिपोर्ट : उपासना झा)***

इसमें कोई शक नहीं कि 'बेटी बचाओ, बेटी पढ़ाओ' आंदोलन सेवा-समर्पण, नियमों का सख्ती से कार्यान्वयन, सामुदायिक जागृति और सामाजिक बदलाव का अनोखा मिश्रण है। यह आंदोलन विश्व के अन्य देशों के लिए आदर्श उदाहरण बन रहा है, जिसमें भाजपा-नीत केंद्र सरकार आर्थिक विकास और सकल घरेलू उत्पाद में बढ़त के साथ-साथ सामाजिक न्याय, सामाजिक दिशाओं में सुधार और बालिकाओं के सशक्तीकरण के लिए कर्तव्यनिष्ठा से कार्य कर रही है। इसका परिणाम भी नजर आ रहा है।

(लेखिका हार्वर्ड विश्वविद्यलाय, अमेरिका से ग्लोबल हैल्थ में स्नातकोत्तर हैं। विभिन्न शोध पत्रिकाओं के लिए लेखन। मूलतः दिल्ली की रहनेवाली हैं।)

स्वच्छ भारत, सुंदर भारत

डॉली बंसीवार

महात्मा गांधी ने अपने आसपास के लोगों को स्वच्छता बनाए रखने की शिक्षा प्रदान कर राष्ट्र को एक उत्कृष्ट संदेश दिया था। उन्होंने इसके लिए नारा भी दिया था—'क्विट इंडिया, क्लीन इंडिया'। उन्होंने उस 'स्वच्छ भारत' का सपना देखा था, जिसमें भारत के सभी नागरिक एक साथ मिलकर देश को स्वच्छ बनाने के लिए कार्य करें और देश एक स्वस्थ वातावरण में जी सके। गांधीजी का सपना उस वक्त तो अधूरा रह गया, किंतु उस सपने को पूरा करने के लिए देश के प्रधानमंत्री नरेंद्र मोदी ने गांधी जयंती, 2 अक्तूबर, 2014 को देश भर में एक राष्ट्रीय आंदोलन के रूप में स्वच्छ भारत मिशन की शुरुआत की, जिसे स्वस्थ भारत अभियान का नाम दिया। इस मुहिम में प्रधानमंत्री मोदी ने स्वयं झाड़ू उठाई और देश भर में स्वच्छ भारत अभियान को एक जन-आंदोलन बनाते हुए 'न गंदगी करेंगे, न करने देंगे' का मंत्र दिया। ऐसे प्रधानमंत्री ने अपने लोकसभा क्षेत्र वाराणसी में भी सफाई अभियान चलाया और वहाँ के अस्सी घाट में गंगा नदी के पास सफाई करके आम लोगों को बड़ा संदेश दिया। उनकी इस मुहिम से प्रेरणा लेते हुए तमाम समूह एवं समाज से जुड़े लोग जुड़े और स्वच्छता आंदोलन का हिस्सा बने। आज जब लोग अस्सी घाट को देखते हैं तो स्वच्छता के लिए तारीफ करते हैं।

अभियान से आम नागरिक के जीवन स्तर में सुधार

स्वच्छ भारत अभियान को महज एक अभियान के तौर पर नहीं देखा जाना चाहिए, बल्कि इसके व्यापक मायने हैं। जब समाज, वातावरण एवं अड़ोस-पड़ोस स्वच्छ रहता है तो उसका लाभ आम जनजीवन व्यतीत करनेवाले आम नागरिक को सर्वाधिक मिलता है। आम लोगों के जीवन-स्तर में बेहतरी के लिहाज से यह अभियान क्यों जरूरी है, इसका सटीक मूल्यांकन महज इसको झाड़ू लेकर सफाई करने तक सीमित करके नहीं देखा जा सकता है। अगर प्रधानमंत्री के इस अभियान का व्यापक मूल्यांकन करें तो यह आम जनजीवन की बेहतरी की दिशा में एक बड़ा कदम साबित होता दिख रहा है।

> ***"भारतमाता की संतान होने के नाते यह हमारी जिम्मेदारी बनती है कि न हम गंदगी फैलाएँगे और न ही किसी को ऐसा करने देंगे।"***
>
> **—नरेंद्र मोदी**

गौरतलब है कि स्वच्छ भारत अभियान शहरी और ग्रामीण दो अलग स्तरों पर चल रहा है। जहाँ एक ओर 1.04 करोड़ परिवारों को लक्षित करते हुए 2.5 लाख सामुदायिक शौचालय, 2.6 लाख सार्वजानिक शौचालय और प्रत्येक शहर में एक ठोस अपशिष्ट प्रबंधन की सुविधा प्रदान करने की दिशा में व्यापक सुधार हुए हैं। जैसा कि आमतौर पर हम देखते हैं कि पर्यटन स्थलों, बस स्टैंड, बाजार, रेलवे स्टेशन पर सबसे ज्यादा शौचालय की समस्या का सामना करना पड़ता है। ऐसे में प्रधानमंत्री के स्वच्छ भारत अभियान के इस संकल्प को मूर्त रूप देने के लिए इन प्रमुख स्थलों पर भी सार्वजनिक शौचालय का निर्माण करवाया गया है। पाँच साल के भीतर 4401 शहरों में यह कार्यक्रम लागू करने की दिशा में काम आगे बढ़ा दिया गया है।

बच्चों के हित में स्वच्छ भारत अभियान

स्वच्छ भारत अभियान की दिशा में 'स्वच्छ विद्यालय अभियान' एक बहुत जरूरी कदम है। ऐसा प्रयास है कि स्कूल की कक्षाओं के दौरान बच्चों

के साथ सफाई और स्वच्छता की विभिन्न पहलुओं पर जागरूकता को विस्तार दिया जाए। साथ ही कक्षा, प्रयोगशाला, शौचालयों, पुस्तकालयों, खेल के मैदानों, पीने के पानी वाले क्षेत्रों की साफ–सफाई पर विशेष ध्यान देने के लिए लोगों को प्रेरित किया जाए। जब तक देश का नौनिहाल स्वच्छ वातावरण में जीवनयापन नहीं करेगा, तब तक देश का भविष्य स्वस्थ एवं विकासशील कैसे रहेगा। लिहाजा केंद्र सरकार ने बच्चों के स्वास्थ्य की चिंता को करीब से समझते हुए स्वच्छ विद्यालय अभियान की दिशा में दाम बढ़ाया है।

स्वच्छ भारत अभियान का ग्रामीण जीवन पर असर

आज देश में लोगों का खुले में शौच जाना एक बड़ी और गंभीर समस्या है। देखा जाए तो तकरीबन 72 फीसद से ज्यादा ग्रामीण जनता शौच के लिए खेतों में या सड़क के किनारे जाने को अभिशप्त है। प्रत्यक्ष तौर पर भले ही इसका आभास हमें न हो, लेकिन यह एक गंभीर समस्या है। बच्चों की आकस्मिक मृत्यु, संक्रमण और बीमारियों का फैलना तथा असमय सुनसान स्थान पर शौच के लिए गई महिलाओं एवं बच्चों के साथ कुकृत्य आदि ऐसी समस्याएँ हैं, जो आम आदमी के जीवन को भी प्रभावित करती हैं। आज भारत की आबादी लगभग सवा अरब है, जिसमें से छह सौ मिलियन लोग शौचालय के बिना ही निर्वाह कर रहे हैं। स्वच्छता के संकल्प को पूरा करने और स्वच्छ समाज के निर्माण हेतु 'निर्मल भारत अभियान' कार्यक्रम भारत सरकार द्वारा चलाया जानेवाला ग्रामीण क्षेत्रों में लोगों की माँग पर आधारित अभियान है। जिसमें लोगों की स्वच्छता संबंधी आदतों को बेहतर बनाना एवं स्वच्छता की सुविधाओं को उपलब्ध करना है, जिससे ग्रामीण जीवन स्तर को बेहतर बनाया जा सके। इस अभियान का प्रमुख उद्‌देश्य पाँच वर्ष में भारत को खुले शौच से मुक्त देश बनाया जा सके। इस अभियान के तहत देश में लगभग 11 करोड़ 11 लाख शौचालयों के निर्माण के लिए एक लाख चौंतीस हजार करोड़ रुपए खर्च करने की योजना रखी गई है। अपने तय लक्ष्य की ओर बढ़ते हुए केंद्र सरकार द्वारा 2.31 करोड़ शौचालयों का

निर्माण कराया जा चुका है और लगभग पचहत्तर हजार बहत्तर गाँवों को खुले में शौच से मुक्त किया जा चुका है।

भावी चुनौतियों पर पहले से सजग

वर्तमान केंद्र सरकार के प्रधानमंत्री मोदी जब स्वच्छता की बात करते हैं तो इसके पीछे भावी चुनौतियों के प्रति उनकी चिंता को भी समझा जाना आवश्यक है। अगर हम ऐसा सोचते रह गए कि स्वच्छता कोई प्रधानमंत्री स्तर के लिए चिंता का विषय नहीं है, तो शायद हम कोई भारी भूल कर रहे हैं। यह एक बड़ी चिंता है, जिस पर प्रधानमंत्री मोदी ने गांधी के बाद सर्वाधिक ध्यान दिया है। ध्यान देने योग्य बात है कि केंद्रीय प्रदूषण नियंत्रण बोर्ड के अनुसार शहरी भारत में हर साल तकरीबन 47 मिलयन टन ठोस कचरा उत्पन्न होगा है। इसके इतर यह भी बताया गया है कि 75 फीसद से ज्यादा सीवेज का निबटारा हो ही नहीं पाता। ऐसे में ठोस कचरे की रीसाइक्लिंग करना बेहद गंभीर और बड़ी समस्या है, जो कि भविष्य में और भी बड़ी हो सकती है। ऐसे में इसका निबटारा अभी से शुरू करना बेहद जरूरी है। उस से बड़ी चुनौती यह है कि लोगों की सोच को किस तरह बदला जाए। क्योंकि आज भी लोग बड़े आराम से कचरा सड़कों पर फेंक देते हैं। ऐसे में अगर हम इस विषय के प्रति गंभीर न हुए तो एक दिन ऐसा आएगा, जब इस देश का आम नागरिक कचरे के ढेर पर रहने को अभिशप्त होगा। प्रधानमंत्री मोदी ने उस भावी समस्या को अपनी चिंता के केंद्र में रखा है, जिस पर देश का ध्यान नहीं जा रहा था अथवा दिलाया जा रहा था।

राजनीति से नहीं, सुधारों से प्रेरित कार्यक्रम

'स्वच्छ भारत अभियान' को हमें केवल साफ-सफाई के लिहाज से नहीं देखना चाहिए बल्कि 360 डिग्री पैरामीटर के हिसाब से आँकना चाहिए। जहाँ हमें नागरिकों की सहभागिता से ज्यादा-से-ज्यादा वृक्षारोपण

करना, कचरा मुक्त परिवेश बनाना, शौचालयों की सुविधा उपलब्ध करवाना और बच्चों को एक शुद्ध वातावरण का निर्माण करना है; वहीं अगर दूसरी ओर से देखें तो देश में पर्यटन को बढ़ावा देने के लिए स्वच्छ भारत का होना एक महत्त्वपूर्ण कदम है। क्योंकि अधिकतर फैली हुई गंदगी गाहे-बगाहे देश की छवि को बहुत बुरे ढंग से प्रस्तुत करती है और हमारे लिए शर्मिंदगी की वजह बनती है, क्योंकि पर्यटक अकसर ऐसी तसवीरों को दुनिया के सामने रखते हैं। ऐसे में देश की छवि को स्वच्छता की कसौटी पर इस कदम के तहत जरूर सुधारा जा सकता है, जो वाकई कारगर साबित होगा।

गैर-राजनीतिक ढंग से इस अभियान को एक जन-आंदोलन बनाने की वजह से ही इस अभियान के तहत देखा जाए तो समाज के विभिन्न वर्गों के लोग आगे आए और सफाई के इस जन-आंदोलन में शामिल होते हुए दिखाई दे रहे हैं। सरकारी अधिकारियों से लेकर जवानों तक, बॉलीवुड अभिनेताओं से लेकर खिलाड़ियों तक, उद्योगपतियों से लेकर आध्यात्मिक गुरुओं तक, सभी इस से जुड़े। और सबसे अच्छी बात कि देश भर में लाखों लोग दिन-प्रतिदिन सरकारी विभागों, एन.जी.ओ. और स्थानीय सामुदायिक केंद्रों के स्वच्छता कार्यक्रमों से जुड़ते हुए दिखाई दे रहे हैं। इसकी जागरूकता के लिए सरकार द्वारा मोबाइल एप्प भी तैयार कराया गया है।

नजर आ रहा बदलाव

इस अभियान को शुरू हुए अभी महज दो वर्ष हुए हैं; लेकिन बदलाव दिखना शुरू हो गया है। कम-से-कम रेलवे स्टेशन, बस अड्डे जैसे सार्वजनिक जगहों पर तो बदलाव नजर आ ही रहा है। रेलगाड़ियों में अब सफाई के प्रति लोगों और कर्मचारियों में जागरूकता में बढ़ोतरी हुई है। हालाँकि पूर्ण स्वच्छता के लक्ष्य को महज सरकारी प्रयासों से हासिल नहीं किया जा सकता है। इसके लिए हर किसी को अपने स्तर की जिम्मेदारी उठानी होगी। उत्तर प्रदेश के शिवेश हैदराबाद में रहते हैं। दफ्तर के कार्य

से बहुत अधिक यात्रा करते रहते हैं। उन्होंने अपने अनुभव से कहा कि स्वच्छ भारत अभियान के बाद लोगों में जागरूकता आई है, जिसका असर सार्वजनिक स्थलों पर दिखना शुरू हो गया है।

(लेखिका विभिन्न समाचार-पत्रों एवं वेबसाइट्स में स्वतंत्र लेखन करती हैं। वर्तमान में टी.वी. मीडिया में एक्जीक्यूटिव प्रोड्यूसर हैं। मूलतः राजस्थान की रहनेवाली हैं।)

ग्रामीण विकास : ग्रामोदय से भारत उदय अभियान

उमेश चतुर्वेदी

भारत-भू को ग्रामीण संस्कृति वाली कहा जाता है। आजादी हासिल करते वक्त करीब 80 फीसद आबादी ग्रामीण इलाकों में रहती थी, जबकि शहरी आबादी की हिस्सेदारी करीब 20 फीसद थी। लेकिन जिस तरह रोजगार शहरों की ओर ही केंद्रित हो रहे हैं, जीवन की मूलभूत सुविधाएँ शहरों तक ही सीमित हो रही हैं, उससे शहरों पर बोझ बढ़ा है। 2011 की जनगणना की रिपोर्ट के मुताबिक देश की आबादी का जहाँ 68.84 फीसद हिस्सा ग्रामीण इलाकों में रह रहा है, वहीं 31.16 फीसद आबादी शहरी इलाकों में रह रही है। जाहिर है कि भारत चाहे लाख शहरीकरण की ओर बढ़े, अब भी उसकी पहचान ग्रामीण संस्कृति और जनसंख्या को लेकर ही है। इसलिए जरूरी है कि भारत में ग्रामीण विकास के लिए काम किए जाएँ। वैसे भी अंग्रेजी शासन व्यवस्था के जड़ें जमाने से पहले तक भारतीय समृद्धि की जो चमक थी, उसके पीछे भारत की शस्य संस्कृति, ग्रामीण जीवन और वहाँ यत्र-तत्र जारी स्थानीय वन, खेती और जरूरत के मुताबिक दस्तकारी की गहन परंपरा थी। यूरोप में औद्योगीकरण और अंग्रेजी सरकार की शोषण नीति ने भारत की ग्रामीण संस्कृति को तबाह करके रख दिया। गांधीजी ने आजादी के बाद जिस तरह के ग्रामीण विकास का सपना देखा था, उसका

दर्शन दक्षिण अफ्रीका के उनके फिनिक्स आश्रम से लेकर महाराष्ट्र में वर्धा के सेवाग्राम तक में देखा जा सकता है। 1909 में लिखी अपनी कालजयी पुस्तक 'हिंद स्वराज' में भी वे ऐसे गाँव की कल्पना करते हैं, जो अपनी बुनियादी जरूरतों के लिए स्वावलंबी होगा।

केंद्र में सत्तासीन भारतीय जनता पार्टी ने 1980 में अपनी स्थापना के दौरान जो पाँच सिद्धांत तय किए थे, उनमें एक गांधीवादी नजरिए से ग्रामोत्थान भी था। इस दिशा में अटल बिहारी वाजपेयी की अगुवाई में 1998 में बनी सरकार द्वारा 'प्रधानमंत्री ग्राम सड़क योजना' जैसी अहम योजना शुरू की गई, जिसने काफी हद तक एक बेहतर शुरुआत को अंजाम दिया था। भारतीय जनता पार्टी के पूर्व संगठन भारतीय जनसंघ के संस्थापक सदस्य पंडित दीनदयाल उपाध्याय ने जिस एकात्म मानववाद और अंत्योदय का सिद्धांत प्रतिपादित किया है, उसके केंद्र में जो मानव है, वह ज्यादातर गाँवों में ही रहता है। बहरहाल मौजूदा प्रधानमंत्री नरेंद्र मोदी ने भी कहा है कि उनकी सरकार के केंद्र में गाँव, गरीब और किसान है। उनके इस कथन को जमीनी हकीकत बनने में थोड़ा वक्त जरूर लग रहा है, लेकिन इसमें कोई शक नहीं कि सही दिशा में पहल शुरू हो गई है। प्रधानमंत्री नरेंद्र मोदी की पहल पर 14 अप्रैल, 2016 को डॉ. भीमराव अंबेडकर की 125वीं जयंती के मौके पर 'ग्रामोदय से भारत उदय अभियान' चलाया गया। जो पंचायती राज दिवस 24 अप्रैल, 2016 को समाप्त हुआ। केंद्र सरकार की पहल पर चले इस अभियान का लक्ष्य समस्त गाँवों में पंचायती राज व्यवस्था को सुदृढ करके, सामाजिक सद्भाव बढ़ाने, ग्रामीण विकास को बढ़ावा देने, किसानों की प्रगति और गरीब लोगों की जीविका के लिए राष्ट्रव्यापी प्रयास करना है। खुद प्रधानमंत्री नरेंद्र मोदी ने डॉक्टर अंबेडकर की जन्मभूमि मध्य प्रदेश के महू से उनके

> ***"हमारी सोच है—आत्मा गाँव की सुविधा शहर की। गाँव की आत्मा बरकरार रहे और साथ में शहरों की उत्तम से उत्तम सुविधा गाँव में ही प्राप्त हो।"***
>
> **—नरेंद्र मोदी**

जन्मदिन 14 अप्रैल, 2016 को इस अभियान की शुरुआत की। इसके बाद उन्होंने 24 अप्रैल, 2016 को झारखंड के जमशेदपुर से देश की सभी ग्राम सभाओं को संबोधित किया। जिसे देश के सभी गाँवों में लाइव टेलीकास्ट और आकाशवाणी के जरिए लाइव प्रसारित किया गया।

गाँवों में रहनेवाली आबादी का खयाल

ग्रामोदय से भारत अभियान के तहत ग्रामीण विकास और पंचायती राज योजनाओं की ग्रामीण क्षेत्रों में जानकारी देने के लिए खासतौर पर अभियान चलाया गया। इसी कड़ी में 14 से 16 अप्रैल, 2016 के मध्य पंचायती राज मंत्रालय और सामाजिक न्याय एवं अधिकारिता मंत्रालय द्वारा संयुक्त रूप से एक 'सामाजिक समरसता कार्यक्रम' का आयोजन सभी ग्राम पंचायतों में किया गया। इस दौरान सामाजिक न्याय को प्रोत्साहित करने के लिए सरकार की विभिन्न योजनाओं से संबंधित सूचनाएँ और जानकारियाँ भी दी गईं। इसी कड़ी में 17 से 20 अप्रैल, 2016 के बीच ग्राम पंचायतों में 'ग्राम किसान सभाएँ' आयोजित की गईं। इसके जरिए खेती-किसानी की अधुनातन जानकारियाँ किसानों को दी गईं। केंद्र सरकार के इस कार्यक्रम का लक्ष्य कृषि को बढ़ावा देना है। इन सभाओं में कृषि से संबंधित योजनाओं, जैसे कि फसल बीमा योजना, सामाजिक स्वास्थ्य कार्ड इत्यादि के विषय में जानकारी उपलब्ध कराई गई और कृषि में सुधार लाने के लिए किसानों से सुझाव भी माँगे गए, जिनके आधार पर आगामी कृषि योजनाएँ बनाने का प्रस्ताव है। प्रधानमंत्री मोदी इस अभियान में खुद दिलचस्पी ले रहे हैं। प्रधानमंत्री मोदी की यह रुचि गाँवों, किसानों और आम लोगों के प्रति उनकी चिंता को दिखाती है। लिहाजा इस क्रम में राष्ट्रीय पंचायती राज दिवस के लिए ग्राम सभा बैठकों के मुख्य समारोह से पहले पाँचवीं अनुसूची में शामिल क्षेत्रों के दस राज्यों के जनजातीय महिला ग्राम पंचायत अध्यक्षों की एक राष्ट्रीय बैठक 19 अप्रैल, 2016 को विजयवाड़ा में आयोजित की गई। इस बैठक का मुख्य विषय पंचायत और जनजातीय विकास रहा।

इस अभियान के तहत देश भर में 21 से 24 अप्रैल, 2016 को ग्राम सभा की बैठकें आयोजित की गईं। इस दिन हर गाँव में प्रभातफेरी, स्वच्छता पर कार्यक्रम, खेलकूद कार्यक्रम के साथ-साथ सांस्कृतिक कार्यक्रम आयोजित किए गए। इस दौरान ग्राम सभाओं में स्थानीय आर्थिक विकास के लिए ग्राम पंचायत विकास योजनाएँ, पंचायती राज संस्थाओं को मिलने वाली राशि का ठीक उपयोग हेतु उपलब्ध निधियाँ, स्वच्छ पेयजल एवं स्वच्छता, ग्राम एवं ग्रामीण विकास में महिलाओं की भूमिका, अनुसूचित जातियों, अनुसूचित जन जातियों, दिव्यांगों व हाशिए पर के अन्य वर्गों के कल्याण सहित सामाजिक समायोजन के साथ ही सामाजिक-आर्थिक विकास के लिए विभिन्न योजनाओं से संबंधित जानकारी लोगों की दी गई। इस सिलसिले में 24 अप्रैल, 2016 को पंचायती राज दिवस झारखंड के जमशेदपुर में मनाया गया, जिसमें देश भर से चयनित पंचायत प्रतिनिधियों ने हिस्सा लिया। जिसे प्रधानमंत्री ने संबोधित किया। इस दौरान गाँव-गाँव में जन प्रतिनधियों, केंद्र और राज्य सरकार के अधिकारियों ने भी ग्राम सभाओं में भाग लिया और ग्रामीणजनों के साथ ग्राम एवं देश के विकास हेतु संकल्प लिया। इस दौरान प्रधानमंत्री ने ऑनलाइन राष्ट्रीय कृषि उत्पाद बाजार मंच की शुरुआत भी की। इसके जरिए देश के 585 थोक बाजारों को जोड़ा जा रहा है। पहले चरण में देश के आठ राज्यों उत्तर प्रदेश, मध्य प्रदेश, हरियाणा, राजस्थान, झारखंड, गुजरात, तेलंगाना और हिमाचल प्रदेश की 21 मंडियाँ राष्ट्रीय नेटवर्क से जोड़ी जा रही हैं। ग्रामीण इलाकों के विकास के लिए केंद्र सरकार द्वारा 'श्यामा प्रसाद मुखर्जी रुरबन मिशन' को भी शुरू किया गया है। इस मिशन के तहत ग्रामीण इलाकों के सामाजिक, आर्थिक एवं आधारभूत सुविधाओं को उपलब्ध कराने का लक्ष्य रखा गया है। इसके तहत तीन वर्षों में 5100 करोड़ के निवेश से 300 रुरबन क्लस्टर्स का निर्माण किया जाएगा। प्रथम वर्ष में यह लक्ष्य 100 रुरबन क्लस्टर्स का है।

प्रधानमंत्री नरेंद्र मोदी के इस अभियान को गाँवों में रह रहे लोगों तक सरकार की पहुँच बनाने के कदम के तौर पर देखा जा रहा है। आलोचनाएँ

अपनी जगह हैं; लेकिन एक बात तय है कि भारत के गाँवों में विकास की गति तेज करने, उन्हें स्वच्छ और बेहतर माहौल दिए जाने की ज्यादा जरूरत है, जिस दिशा में वर्तमान की केंद्र सरकार हर संभव प्रयास करती नजर आ रही है। माना जा सकता है कि ग्रामोदय से भारत उदय अभियान इसी दिशा में केंद्र सरकार का एक बेहतर प्रयास है।

(लेखक वरिष्ठ पत्रकार और स्तंभकार हैं। विभिन्न समाचार पत्र-पत्रिकाओं में नियमित लेखन। मूलतः उत्तर प्रदेश के रहनेवाले हैं।)

गाँवों की तरक्की की आदर्श योजना

लोकेंद्र सिंह

आजादी के बाद सत्तर वर्षों तक गाँव और गरीब की सिर्फ बात ही होती रही, उनकी बेहतरी के लिए कोई कार्य-योजना कभी नहीं बन सकी। ब्रिटिश शासन से सत्ता सीधे कांग्रेस के हाथों में आई थी। कांग्रेस के तत्कालीन नेतृत्व ने महात्मा गांधी के आग्रह के बाद भी गाँवों की सुध नहीं ली और तब से गाँवों की अनदेखी करने की परंपरा सी बन गई थी। पिछली सरकार ने गांधी की विरासत पर स्वामित्व का सदैव दावा किया है, लेकिन उनके सपनों के भारत को साकार करने के प्रयास कभी नहीं किए। यह तथ्य है कि भारत की आत्मा गाँव में बसती है और गाँव का विचार महात्मा गांधी के चिंतन के केंद्र में रहा। इसलिए जब प्रधानमंत्री नरेंद्र मोदी ने 'स्मार्ट सिटी' की तर्ज पर 'स्मार्ट गाँव' विकसित करने का निर्णय लिया, तब लगा कि गांधीजी के विचारों पर कोई सरकार तो जमीनी चिंतन कर रही है। इस बात को प्रमाणित करने के लिए सरकार की अन्य योजनाओं को भी देख लेना उचित होगा, जिनमें भारत की बुनियादी समस्याओं को दूर करने का उद्देश्य निहित है। भारत सरकार ने जब यह निर्णय किया कि 'श्यामा प्रसाद मुखर्जी ग्रामीण मिशन' एवं 'सांसद आदर्श ग्राम योजना' के तहत गाँवों का उत्थान किया जाएगा, आदर्श गाँव विकसित किए जाएँगे, तब लगा कि 70 साल में ही सही, आखिर गाँवों के अच्छे दिन आने लगे हैं।

बहरहाल, 11 अक्तूबर, 2014 को प्रारंभ की गई 'सांसद आदर्श ग्राम

योजना' का उद्देश्य यही है कि गाँव और वहाँ के लोगों में उन मूल्यों को स्थापित करना है, जिससे वे स्वयं के जीवन में सुधार कर दूसरों के लिए एक आदर्श गाँव बनें। इस योजना में लोकसभा और राज्यसभा के सभी सांसद शामिल हैं। प्रधानमंत्री ने दूसरे दलों के सांसदों से भी एक-एक गाँव गोद लेने का आग्रह किया था। योजना के प्रथम चरण में कुल 702 सांसदों ने एक-एक गाँव गोद लेकर उनको आदर्श गाँव बनाने का बीड़ा उठाया। हर संसदीय क्षेत्र में 3 गाँवों को आदर्श गाँव के रूप में विकसित करने का शुरुआती लक्ष्य रखा गया है। सांसद आदर्श ग्राम योजना की वेबसाइट पर जारी आँकड़ों के मुताबिक प्रथम चरण में लोकसभा के 544 सांसदों में से 500 सांसदों ने एवं राज्यसभा के 253 में से 203 सांसदों ने गाँव गोद लिया है। दूसरे चरण में भी काम शुरू है।

> ***''यह योजना जनता से प्रेरित है और इसे सांसदों के निर्देशन तथा जन भागीदारी से पूरा किया जाएगा।''***
>
> **—नरेंद्र मोदी**

प्रधानमंत्री ने खुद पेश किया उदाहरण

गांधी जो अपेक्षा दूसरों से करते थे, उस पर पहले खुद अमल करते थे। प्रधानमंत्री मोदी ने भी वही किया है। बनारस से 25 किलोमीटर दूर स्थित गाँव 'जयापुर' इसका उदाहरण है। प्रधानमंत्री ने जयापुर को गोद लिया है। भले ही प्रधानमंत्री स्वयं जयापुर नहीं जा पाते, लेकिन अपने गोद लिए गाँव की चिंता सदैव करते हैं। आज जयापुर सबके सामने आदर्श गाँव के रूप में प्रस्तुत है। प्रधानमंत्री द्वारा गोद लेने से पूर्व गाँव में मूलभूत सुविधाएँ नहीं थीं, लेकिन अब यहाँ न केवल सड़क, बिजली, पानी, शिक्षा और स्वास्थ्य की समुचित व्यवस्था है, बल्कि लोगों के बीच आपसी सहयोग की भावना भी गहरी हो गई है। गाँव के संबंध में जैसी कल्पना रहती है कि वहाँ के लोग आपस में मिलकर ही अपनी समस्याओं और चुनौतियों से निपट लेते हैं, वैसी कल्पना जयापुर में साकार दिखती है। जयापुर के गाँववासियों से

जब यह पूछा जाता है कि अच्छे दिन आ गए क्या? तब वे उत्तर देते हैं कि जयापुर के अच्छे दिन आ गए हैं। अब यहाँ सब सुख है। मोदीजी ने जब से गाँव को गोद लिया है, तब से गाँव की सूरत ही बदल गई है। एक उदाहरण तो खुद मैंने अपनी आँखों से देखा है। मेरा ननिहाल 'पिपरौआ', मध्य प्रदेश में ग्वालियर से तकरीब 35 किलोमीटर दूर स्थित है। तीन-चार साल पहले बारिश के समय गाँव में जाना मुश्किल हो जाता था। अब कभी भी गाँव जाइए, कोई दिक्कत नहीं। शहर से गाँव तक बेहतर सड़क मार्ग है। पानी की सुविधा है। लगभग प्रत्येक घर में शौचालय है। बिजली चौबीस घंटा तो नहीं, लेकिन पहले से अधिक समय के लिए रहती है।

नजीर बन रहे हैं ये गाँव

यह सिर्फ एक या दो गाँव की कहानी नहीं है। विदेश मंत्री सुषमा स्वराज का गाँव 'अजनास' भी तेजी से सुविधा संपन्न बन रहा है। देवास जिले के 'खातेगाँव' विधानसभा के अंतर्गत आनेवाले अजनास गाँव को नशामुक्त बनाने के प्रयास तेजी से हो रहे हैं। लोकसभा अध्यक्ष श्रीमती सुमित्रा महाजन ने इंदौर से लगभग 55 किलोमीटर दूर स्थित 'पोटलोद' गाँव को गोद लिया है। यह गाँव बुनियादी सुविधाओं के लिए जूझ रहा था। लेकिन अब यह तेजी से विकास की राह पर चल पड़ा है। इसी तरह गृह मंत्री राजनाथ सिंह द्वारा चिह्नित गाँव 'बेंती' सोलर एनर्जी से रोशन हो रहा है। गृहमंत्री के गोद लेने के बाद बेंती देश भर में चर्चित हो गया है। सांसद हेमामालिनी का गोद लिया आदर्श गाँव 'रावल' (मथुरा), उमा भारती का आदर्श गाँव 'पवा' (ललितपुर), किरण खेर का गाँव 'सारंगपुर' (चंडीगढ़) और धर्मेंद्र प्रधान का गाँव 'लक्ष्मी बिगहा' (पटना) सांसद आदर्श गाँव योजना के अनुरूप विकसित होकर नए आयाम प्रस्तुत करने दिशा में अग्रसर पर हैं। लगभग सभी भाजपा सांसद पूरी शिद्दत से अपने गोद लिए गाँव की चिंता कर रहे हैं। भले ही वह गाँव में नियमित नहीं पहुँच रहे, लेकिन उनके प्रतिनिधि ग्राम विकास के कार्यों पर पूरी नजर रखे हुए हैं। गुजरात के नवसारी के भाजपा

सांसद सी.आर. पाटिल ने तो प्रधानमंत्री नरेंद्र मोदी की आदर्श सांसद गाँव योजना को सबसे पहले जमीन पर उतार दिया है। कावेरी नदी के किनारे बसा 'चिखली' गाँव पहला आदर्श गाँव बन गया है। पाटिल ने महज चार माह में गाँव की तसवीर बदल दी। चिखली में वाई-फाई है। यहाँ हेलीपेड भी है। सी.सी.टी.वी. कैमरे लगाए गए हैं, जिन्हें थानों से जोड़ा गया है। ऐसी अनेक आधुनिक सुविधाएँ चिखली में उपलब्ध हैं।

लोगों के लिए जिस गाँव को जानना जरूरी है, वह गाँव है—'धानक्या'। राजस्थान की राजधानी जयपुर से करीब 30 किलोमीटर दूर स्थित धानक्या गाँव पंडित दीनदयाल उपाध्याय के बचपन का साक्षी रहा है। धानक्या की जिम्मेदारी केंद्रीय सूचना एवं प्रसारण राज्य मंत्री राज्यवर्धन सिंह राठौड़ ने ली है। उन्होंने इसके लिए एक समग्र योजना बनाई है, जिसमें बुनियादी जरूरतें और आधुनिक सुविधाओं को शामिल किया गया है। गाँव में भू-जल स्तर काफी गिर गया है। पानी की समस्या से निपटने के लिए तकरीबन सात किमी दूर बांडी नदी से पाइप लाइन द्वारा गाँव में पानी लाने की योजना है। स्वच्छता के लिए पूरी पंचायत में विशेष प्रयास हुए हैं। यहाँ लगभग प्रत्येक गाँव में शौचालय बन गया है। कहा जा सकता है कि पंचायत खुले में शौच मुक्त हो गई है। सबसे बड़ा प्रस्ताव यहाँ मिनी सचिवालय का है। इसके शुरू होने से चिकित्सक, पटवारी, ग्राम सेवक, महिला स्वास्थ्य कार्यकर्ता, आँगनबाड़ी कार्यकर्ता, लोकमित्र और ग्राम सचिव एक ही छत के नीचे गाँव के लोगों की मदद के लिए उपलब्ध होंगे। गाँववासियों को अपने छोटे-बड़े काम के लिए भटकना नहीं पड़ेगा। अच्छी शिक्षा और चिकित्सा सुविधा के लिए भी ठोस प्रयास जारी हैं। युवाओं के लिए गाँव में उत्तम खेल सुविधाएँ उपलब्ध हों, इसके लिए खेल मैदान विकसित किया जा रहा है। गाँव में प्रवेश करते ही प्रत्येक व्यक्ति को एहसास हो जाए कि धानक्या में एकात्म मानवदर्शन के प्रणेता दीनदयाल उपाध्याय का बचपन बीता है, इसके लिए दीनदयालजी की स्मृति में राष्ट्रीय स्मारक की आधारशिला रखी गई है।

विकास के पथ पर आगे बढ़ते इन गाँवों की कहानियाँ हमें बताती हैं

कि ग्रामवासिनी भारत माता के अच्छे दिन आ गए हैं। विकास की अवधारणा में पहली बार ईमानदारी से गाँव शामिल हुए हैं। 70 साल के इंतजार के बाद अब गाँव तक विकास की किरणें पहुँचनी शुरू हुई हैं। उम्मीद की जा सकती है कि वह दिन दूर नहीं, जब गाँव से न शिक्षा के लिए पलायन होगा, न स्वास्थ्य के लिए। रोजगार की तलाश में किसी को भी गाँव छोड़कर शहर आने की आवश्यकता नहीं होगी।

(लेखक माखनलाल चतुर्वेदी राष्ट्रीय पत्रकारिता विश्वविद्यालय, भोपाल में कार्यरत हैं। विभिन्न पत्र-पत्रिकाओं में लिखते हैं। मूलतः मध्य प्रदेश के रहनेवाले हैं।)

प्रधानमंत्री आवास योजना : ताकि बेघर न रहे कोई

अभय सिंह

केंद्र की सत्ता में वर्तमान की मोदी सरकार का आगमन देश के लिए महत्त्वपूर्ण है, क्योंकि देश के भीतर एक जो निराशा का माहौल था, उससे देश को उभारने के लिए एक मजबूत और प्रगतिशील नेतृत्व की आवश्यकता थी। देश की जनता को भी नई सरकार से काफी अपेक्षाएँ थीं और इन्हें वह जल्द-से-जल्द पूरा होते देखना चाहती थी। अलबत्ता सत्ता में आने के बाद मोदी सरकार के समक्ष कई विकट समस्याएँ विराजमान थीं, जिनसे जल्द-से-जल्द उबरना आवश्यक था। देश के सामने तमाम समस्याओं के अलावा बेघरी की समस्या भी विकट थी। यह सवाल पिछली सरकारों से पूछा जाना चाहिए कि आखिर क्या कारण है कि आजादी के इतने वर्षों बाद भी हम अब तक देश के गरीब व्यक्ति को अपना खुद का घर तक नहीं दे पाए हैं ? यह विडंबना ही है कि आजादी के 70 वर्षों बाद भी आज हमारे देश में लगभग 5 करोड़ परिवार ऐसे हैं, जिनके सिर पर एक अदद छत का साया नहीं है और जिन्हें आवास-निर्माण की सख्त आवश्यकता है। वे बेघरी में फुटपाथ पर या जर्जर झुग्गी-झोंपड़ियों में दुर्दशा के साथ जीने को अभिशप्त हैं। ऐसे करीब 2 करोड़ परिवार शहरों में और 3 करोड़ परिवार देश के गाँवों में बसते हैं। लेकिन संतोषजनक बात यह है

कि केंद्र की मौजूदा मोदी सरकार इन लोगों को आवास उपलब्ध कराने के लिए एक महत्त्वपूर्ण योजना की शुरुआत गत वर्ष ही कर चुकी है, जिसका असर भी धीरे-धीरे दिखना शुरू हुआ है। गौरतलब है कि प्रधानमंत्री मोदी ने देश की स्वतंत्रता के 75 वर्ष पूर्ण होने पर वर्ष 2022 तक सभी के लिए आवास की परिकल्पना की है। इस लक्ष्य की प्राप्ति के लिए मोदी सरकार ने एक मिशन की शुरुआत की है।

कोई बेघर न रह जाए

पिछले वर्ष 25 जून, 2015 को प्रधानमंत्री नरेंद्र मोदी ने इस बहुप्रतीक्षित योजना को 'प्रधानमंत्री आवास योजना' के नाम से प्रारंभ किया था। आवास योजना के तहत 2022 तक देश की आजादी के 75 वर्ष पूर्ण होने पर 5 करोड़ आवास बनाने का लक्ष्य रखा गया है। प्रधानमंत्री आवास योजना के तहत बेघर और जीर्ण-शीर्ण घरों में रहनेवाले परिवारों को पक्का मकान बनाने हेतु वित्तीय सहायता दी जाएगी। इस योजना का क्रियान्वयन शहर और ग्रामीण क्षेत्रों में अलग-अलग रूप में किया जाएगा। बहरहाल, ऐसा भी नहीं है कि इससे पहले आवास योजनाएँ नहीं थीं। ध्यान दें तो इससे पूर्व भी आवास योजनाएँ विद्यमान थीं। कभी इंदिरा गांधी के नाम पर आवास योजना, कभी राजीव गांधी तो कभी जवाहरलाल नेहरू के नाम से आवास योजनाएँ शहरी और ग्रामीण स्तर पर शुरू की गईं। लेकिन इनका क्रियान्वयन सही ढंग से न होने के कारण आज भी करोड़ों लोग बेघर हैं और सड़कों पर अपना जीवनयापन करने को मजबूर हैं। गौरतलब है कि शहरी आवास योजना के

> ***''अगर एक बार सामान्य मानव के पास चारदीवारी आ जाती है तो उसके सपनों में जान आ जाती है और उसका विकास शीघ्र होने लगता है। प्रधानमंत्री आवास योजना कोई इंफ्रास्ट्रक्चर नहीं है, बल्कि यह गरीब से गरीब व्यक्ति के सपनों में जान भरने का कार्यक्रम है।''***
>
> **—नरेंद्र मोदी**

लिए वर्तमान सरकार ने जून 2016 तक 6 लाख से अधिक घरों के निर्माण-कार्य के लिए 43 हजार करोड़ के निवेश को मंजूरी दे दी है। साथ ही केंद्र सरकार ने 10 हजार करोड़ रुपए से ज्यादा की धनराशि भी आवंटित कर दी है। इसके अतिरिक्त प्रधानमंत्री मोदी के नेतृत्व में केंद्र सरकार ने प्रधानमंत्री आवास योजना के लिए 'पब्लिक प्राइवेट पार्टनरशिप' (पी.पी.पी.) मॉडल पर भी बल दिया है। सरकार द्वारा प्रस्तावित ग्रामीण आवास योजना के क्रियान्वयन हेतु 2016-17 से 2018-19 तक तीन वर्षों में इक्यासी हजार नौ सौ पचहत्तर करोड़ रुपए खर्च करके लोगों की इस अहम जरूरत को पूरा किया जाएगा। इसके अलावा इक्कीस हजार नौ सौ पचहत्तर करोड़ रुपए की अतिरिक्त वित्तीय आवश्यकताओं की पूर्ति राष्ट्रीय कृषि एवं ग्रामीण विकास बैंक (नाबार्ड) से की जाएगी। साथ ही ग्रामीण विकास में मनरेगा की भी मदद ली जाएगी। मकानों के निर्माण की कीमत केंद्र एवं राज्य द्वारा समतल क्षेत्रों में 60:40 के अनुपात में तथा पहाड़ी/उत्तर-पूर्वी क्षेत्रों के लिए 90:10 के अनुपात में रखी गई है। गौरतलब है कि आवासों की गुणवत्ता को ध्यान में रखते हुए केंद्र और राज्य सरकारों को तकनीकी मदद के लिए नेशनल टेक्निकल सपोर्ट एजेंसी का गठन किया गया है। वहीं ग्रामीण आवास का क्षेत्रफल भी मौजूदा 20 वर्ग से बढ़ाकर 25 वर्ग मीटर कर दिया गया है। इसके अतिरिक्त मकानों की संरचना ऐसी रखी जाएगी, जिससे प्राकृतिक आपदाओं से बचा जा सके। सरकार ने आवासों में मूलभूत सुविधाओं पर भी ध्यान दिया है, जिसमें 24 घंटे हफ्ते के 7 दिन बिजली, पानी के कनेक्शन, शौचालय निर्माण आदि शामिल हैं। इस दिशा में तेजी से लक्ष्य की तरफ बढ़ रही सरकार 'प्रधानमंत्री आवास योजना' (शहरी) के तहत अभी तक के आँकड़ों के मुताबिक 6.8 लाख से अधिक घरों का निर्माण कार्य संपन्न करा चुकी है। 'प्रधानमंत्री आवास योजना' (ग्रामीण) के तहत भी कार्य प्रगति पर है। इसके तहत यह लक्ष्य है कि 2019 तक 1.2 लाख प्रति घर की लागत से 1 करोड़ घरों का निर्माण किया जाएगा। यह राशि पहले सत्तर हजार रुपए थी, जिसे एक लाख बीस हजार किया गया है।

अतिरिक्त मदद को भी तैयार सरकार

इसके अलावा योजना के अंतर्गत आर्थिक रूप से कमजोर लोगों को कम-से-कम ब्याज दर पर सब्सिडी और गृहऋण भी दिए जाएँगे और धनराशि सीधे लाभान्वित के खाते में स्थानांतरित कर दी जाएगी। योजना के अंतर्गत लाभान्वित को सत्तर हजार रुपए तक का ऋण लेने की सुविधा दी गई है। वहीं आर्थिक रूप से कमजोर वर्ग के परिवारों को बैंकों, वित्तीय संस्थानों से 15 वर्ष की अवधि के लिए 6.5 की दर पर ऋण दिए जाएँगे और ऋण सब्सिडी 6 लाख रुपए तक उपलब्ध होगी। साथ ही आवासों के निर्माण कार्य के बाद आवंटन प्रक्रिया के लिए भी मानक तय किए गए हैं। जैसे लाभार्थी के पास अपना खुद का मकान नहीं होना चाहिए, और उसकी पारिवारिक वार्षिक आय 3 लाख रुपए से ज्यादा नहीं होनी चाहिए। इसके अतिरिक्त आवास की चयन प्रक्रिया में सेना, पुलिस, पैरा मिलिट्री फोर्स के शहीद जवानों की विधवाओं, कैंसर पीड़ित, किन्नरों आदि को प्राथमिकता दी जाएगी। आवास योजना के लाभान्वितों की पहचान के लिए और पारदर्शिता सुनिश्चित करने के लिए केंद्र सरकार एवं राज्य सरकारों द्वारा सामाजिक-आर्थिक-जातीय जनगणना 2011 का उपयोग किया जाएगा। खैर, आवास योजना के ठीक ढंग से क्रियान्वयन में राज्यों की भी महती भूमिका रहेगी; क्योंकि प्रधानमंत्री आवास योजना के लिए भूमि मुहैया कराना राज्य सरकारों की ही जिमेदारी है। बहरहाल, अगर गरीब से गरीब परिवार के पास अपना खुद का मकान होगा तो वह परिवार विकास के पथ पर तेजी से आगे बढ़ेगा। चूँकि अपना घर होना आर्थिक संपत्ति तो है ही, साथ ही शिक्षा और स्वास्थ्य के क्षेत्र में भी इसका सकारात्मक प्रभाव पड़ता है, जीवन स्तर बेहतर होता है। सुखद यह है कि मोदी सरकार की अन्य तमाम योजनाओं की तरह ही यह योजना भी धीरे-धीरे धरातल पर उतरती नजर आ रही है, जिसे इसकी प्राथमिक सफलता कहा जा सकता है। कुछ समय में इसका वास्तविक प्रभाव भी अवश्य देश के सामने आएगा। इस योजना के आने के बाद यह विश्वास किया जा सकता है कि आनेवाले समय में

यह देश बेघरी जैसी गंभीर समस्या से निजात अवश्य पाएगा। बहरहाल, मोदी सरकार जिस तरह से अपनी योजनाओं पर प्रगतिशील है, उससे तो प्रतीत होता है कि प्रधानमंत्री आवास योजना भी निश्चित रूप से अपने लक्ष्य को प्राप्त कर लेगी और भारत में 2022 तक सभी के पास अपना खुद का मकान होगा।

(लेखक पत्रकारिता के छात्र हैं। विभिन्न पत्र-पत्रिकाओं में लिखते हैं। शोध में विशेष रुचि है। मूलतः उत्तर प्रदेश के रहनेवाले हैं।)

पेंशन एवं बीमा : गरीबों की आर्थिक सुरक्षा का खयाल

प्रज्ञा तिवारी

जब हम पेंशन के बारे में सोचते हैं तो हमारे दिमाग में एक सरकारी नौकरी या संगठित क्षेत्र में काम करनेवाले आर्थिक तौर पर सुरक्षित व्यक्ति की छवि सामने आती है। एक ऐसा व्यक्ति, जिसका एक मासिक वेतन तय है और उसी हिसाब से उसकी पेंशन या पी.एफ. भी मिलता है। लेकिन पेंशन को लेकर हम उन व्यक्तियों के बारे में नहीं सोचते, जो असंगठित क्षेत्र में कार्यरत हैं। पेंशन यानी व्यक्ति के बुढ़ापे की आर्थिक सुरक्षा, बुढ़ापे का आर्थिक सहारा, बुढ़ापे का आर्थिक विश्वास। तो यह विश्वास सिर्फ संगठित क्षेत्रों में काम करनेवाले व्यक्तियों के लिए ही क्यों? क्यों न उन व्यक्तियों के लिए भी, जो इतने पैसे नहीं कमा पाते कि अपने कल को सुरक्षित कर सकें, क्यों न उनके लिए भी कोई योजना हो, ताकि उनके अनिश्चित भविष्य को सुरक्षित किया जा सके। प्रधानमंत्री नरेंद्र मोदी के नेतृत्व में काम कर रही केंद्र सरकार की योजनाओं में यह चिंता दिखाई देती है। केंद्र सरकार द्वारा 'अटल पेंशन योजना,' 'प्रधानमंत्री जीवन ज्योति बीमा योजना' एवं 'प्रधानमंत्री सुरक्षा बीमा योजना' जैसी योजनाएँ असुरक्षा और असंगठित क्षेत्र में काम करनेवाले व्यक्तियों का भविष्य निश्चित करने के लिए लाई गई हैं, जो कि एक बहुत ही साहसी और रचनात्मक पहल कही जा सकती

है। पेंशन फंड रेग्यूलेटरी ऐंड डेवलपमेंट अथॉरिटी द्वारा क्रियान्वित 'अटल पेंशन योजना' सहित शेष दोनों योजनाएँ आधिकारिक रूप से प्रधानमंत्री नरेंद्र मोदी द्वारा 9 मई, 2015 को कोलकाता में शुरू की गई। अटल पेंशन योजना संभवत: भारत की पहली ऐसी पेंशन योजना है, जो खास तौर से असंगठित क्षेत्र में कार्य करनेवाले उन व्यक्तियों के लिए बनाई गई है, जिनकी आय इतनी नहीं कि वे टैक्स का भुगतान कर सकें। काफी सरल सी दिखने वाली इस योजना का लाभ हर वो व्यक्ति ले सकता है, जो असंगठित क्षेत्र में कार्य करता है, टैक्स भुगतान के दायरे में नहीं आता एवं 18 से 40 वर्ष के बीच की उम्र का है। हालाँकि अन्य योजनाओं की तरह इस योजना का प्रचार-प्रसार नहीं हो सका है। इस वजह से इसकी जानकारी बहुधा उन लोगों तक नहीं पहुँच पाई है, जिनके लिए खास तौर पर यह योजना बनाई गई है। अत: यह अत्यंत आवश्यक है कि इसके बारे में असंगठित क्षेत्रों में कार्य करनेवाले व्यक्तियों को बेहतर तरीके से जागरूक किया जाए, ताकि वे इसका लाभ उठाएँ।

> ***''विपदा के समय सबसे ज्यादा नुकसान गरीबों का होता है। यह सरकार का कर्तव्य है कि वह गरीबों को ऐसी किसी भी परिस्थिति से बचाए, जो उसके सशक्तीकरण की प्रक्रिया को धीमा कर सकती है।''***
>
> **—नरेंद्र मोदी**

सुरक्षित भविष्य की संकल्पना

एक वाक्य में बताने पर अटल पेंशन योजना के तहत आप काफी कम प्रीमियम राशि जमा कर 60 वर्ष की उम्र से 1000 से लेकर 5000 रुपए तक की पेंशन ले सकते हैं। यदि विस्तार से बताया जाए तो कोई व्यक्ति 18 वर्ष की उम्र से महीने के 210 रुपए के प्रीमियम के साथ इस योजना से जुड़कर 60 वर्ष की उम्र तक प्रीमियम भरता है तो उसे 60 साल के बाद ताउम्र हर महीने 5000 रुपए की पेंशन मिलेगी। पेंशन प्राप्ति के दौरान यदि उसकी मृत्यु

हो जाती है तो यह राशि उसकी पत्नी/पति को मिलेगी और पत्नी/पति की मृत्यु के बाद तब तक का जमा किया हुआ सारा कॉर्पस (इस स्थिति में आठ लाख पचास हजार रुपए की राशि) उसके बच्चों (या नॉमिनी) को मिल जाएगी।

हाँ, यह कदापि जरूरी नहीं कि आप हर माह 5000 रुपए की ही पेंशन चाहें, तो ऐसी अवस्था में यदि आप इससे कम यानी 1000, 2000, 3000 या 4000 रुपए की राशि हर माह पेंशन के रूप में चाहते हैं तो आपको अपनी उम्र के हिसाब से उतना ही प्रीमियम हर महीने जमा कराना होगा। मसलन यदि आपकी उम्र 18 वर्ष है और आप 1000 रुपए की पेंशन चाहते हैं तो आपको 60 वर्ष के होने तक हर महीने सिर्फ 42 रुपए जमा कराने होंगे। इसकी विस्तृत जानकारी नीचे दी जा रही है—

आपकी उम्र	जितने वर्षों तक आपको मासिक राशि जमा करानी है	1000 की पेंशन के लिए जमा की जाने वाली मासिक राशि	2000 की पेंशन के लिए जमा की जाने वाली मासिक राशि	3000 की पेंशन के लिए जमा की जाने वाली मासिक राशि	4000 की पेंशन के लिए जमा की जाने वाली मासिक राशि	5000 की पेंशन के लिए जमा की जाने वाली मासिक राशि
18	42	42	84	126	168	210
19	41	46	92	138	183	228
20	40	50	100	150	198	248
21	39	54	108	162	215	269
22	38	59	117	177	234	292
23	37	64	127	192	254	318
24	36	70	139	208	277	346
25	35	76	151	226	301	376
26	34	82	164	246	327	409
27	33	90	178	268	356	446

28	32	97	194	292	388	485
29	31	106	212	318	423	529
30	30	116	231	347	462	577
31	29	126	252	379	504	630
32	28	138	276	414	551	689
33	27	151	302	453	602	752
34	26	165	330	495	659	824
35	25	181	362	543	722	902
36	24	198	396	594	792	990
37	23	218	436	654	870	1087
38	22	240	480	720	957	1196
39	21	264	528	792	1054	1318
40	20	291	582	873	1164	1454

अटल पेंशन योजना के तहत कॉर्पस राशि का विवरण भी देखते हैं—

मासिक पेंशन राशि	कॉर्पस राशि (जब नॉमिनी को वापस की जाएगी)
1000	1,70,000
2000	3,40,000
3000	5,10,000
4000	6,80,000
5000	8,50,000

अटल पेंशन योजना के अंतर्गत आपको एक और सुविधा दी गई है, जिसके अनुसार आप प्रीमियम का भुगतान अपनी इच्छानुसार मासिक, त्रैमासिक, छह मासिक या वार्षिक रूप से कर सकते हैं। यदि किसी वजह से

आप राशि का भुगतान नहीं कर पाते हैं तो आपका खाता तुरंत निष्क्रिय तथा बंद नहीं किया जाता, अपितु उसे तब तक चालू रखा जाता है, जब तक कि सरकार तथा आपके दोनों के कंट्रीब्यूशन (जमा की जा रही राशि) का बैलेंस शून्य नहीं हो जाता। और यदि आपका प्रामियम तय समय से देर से भरा जाता है तो उसकी पैनल्टी राशि भी काफी कम रखी गई है, जो कि 1 रुपए प्रति 100 रुपए प्रति माह है। हालाँकि इस योजना के तहत आपको बैंक जाकर प्रीमियम भरने की जरूरत नहीं है। बेहद आसान तरीके से आपका प्रीमियम ऑटो-डेबिट सुविधा के तहत भर दिया जाएगा। यानी हर माह प्रीमियम की राशि तय दिनांक पर अपने आप ही आपके खाते से अटल पेंशन योजना में चली जाएगी।

इसके अलावा यदि आप 60 वर्ष के होने से पहले इस योजना से हटना चाहते हैं तो आप ऐसा भी कर सकते हैं। इस स्थिति में आपको सिर्फ उतनी राशि ही रिफंड की जाएगी, जो आपने अभी तक जमा की है तथा इस जमा राशि पर जो आपको ब्याज मिला है। जब आप इस योजना के तहत पेंशन प्रीमियम भरते हैं तो आपके साथ ही सरकार भी इसमें आर्थिक योगदान करती है तो यदि आप किसी भी वजह से इस योजना से तय समय से पहले हटना चाहते हैं तो सरकार ने जो आपके लिए अपने खजाने से सहयोग किया है, उसकी बजाय सिर्फ आपके द्वारा जमा किए गए धन पर आपको ब्याज मिलेगा।

प्रधानमंत्री जीवन ज्योति बीमा योजना

किसी सरकार द्वारा लागू बीमा योजना की अगर बात करें तो प्रधानमंत्री जीवन ज्योति बीमा योजना का लाभ 3 करोड़ से ज्यादा परिवार उठा रहे हैं। बेहद कम समय में इस योजना ने इतनी बड़ी संख्या में आम लोगों को जोड़ा है। इस योजना को लाने के पीछे मकसद मृत्यु की स्थिति में परिवार को आर्थिक संबल प्रदान करना है। मृत्यु की स्थिति में गरीब परिवारों पर आर्थिक बोझ पड़ता है। गरीब परिवारों से जुड़ी इस बात को ध्यान में रखते हुए इस बीमा योजना को केंद्र सरकार द्वारा लाया गया। इसके तहत प्राकृतिक एवं

दुर्घटना में हुई मृत्यु की स्थिति में 2 लाख रुपए की आर्थिक सुरक्षा मिलती है। 18 से 50 वर्ष की उम्र का कोई भी व्यक्ति इसका लाभ उठा सकता है। इसके लिए प्रति माह 330 रुपए का प्रीमियम तय किया गया है, जो कि बेहद न्यूनतम है।

प्रधानमंत्री सुरक्षा बीमा योजना

यह योजना अब तक के इतिहास की शायद सबसे न्यूनतम प्रीमियम वाली योजना हो। महज 1 रुपया मासिक अर्थात् 12 रुपया महीना के प्रीमियम पर यह योजना 2 लाख तक दुर्घटना बीमा कवर करती है। इस योजना का लाभ देश के 9 करोड़ 64 लाख लोग उठा रहे हैं।

बीमा एवं पेंशन योजनाओं के तीनों ही विकल्प गरीब परिवारों के आर्थिक हितों को ध्यान में रखते हुए केंद्र सरकार द्वारा लाए गए हैं। सरकार ने गरीब परिवारों की आर्थिक सुरक्षा को ध्यान में रखते हुए इन योजनाओं को जमीन पर उतारने में सरकार को सफलता हासिल हुई है। आम जनता का इन योजनाओं से भारी संख्या में जुड़ाव इसकी सफलता का प्रमाण है।

(लेखिका विभिन्न समाचार-पत्र/पत्रिकाओं में लिखती हैं। डवलपमेंट अल्टरनेटिव संस्था से जुड़ी रही हैं। मूलतः बिहार की रहनेवाली हैं।)

स्वास्थ्य विभाग की सेहत में सुधार की दिशा में ठोस पहल

आदर्श तिवारी

प्रधानमंत्री नरेंद्र मोदी के नेतृत्व में केंद्र सरकार को सत्ता में आए दो वर्ष से अधिक समय बीत चुका है। इन दो वर्षों के कामकाज का लेखा-जोखा विमर्शकार अपने अनुसार निकाल रहे हैं। केंद्र सरकार के दो वर्षों का मूल्यांकन करने से पहले हमें यह तय करना होगा कि पिछली सरकारों ने इस सरकार की अपेक्षा कितना काम किया। जाहिर है कि इन दो वर्षों में सरकार ने हर महकमे में प्रगति की है, जिसमें कृषि, अर्थ, रक्षा, रेल और स्वास्थ्य समेत सभी क्षेत्रों में अभूतपूर्व काम किया है। लेकिन स्वास्थ्य ऐसा विषय है, जिसका सरोकार हर व्यक्तिवर्ग से होता है। सभी अपने शरीर को स्वस्थ रखना चाहते हैं। स्वास्थ्य के क्षेत्र में आजादी के बाद से ही सरकारों ने अपने-अपने अनुसार योजनाएँ बनाईं, उनमें से कुछ योजनाएँ सफल रहीं तो ज्यादातर केवल फाइलों तक ही सिमटकर रह गईं। स्वास्थ्य के प्रति सरकारों को संवेदनशील रहना चाहिए, जिससे लोगों को चिकित्सा आसानी से प्राप्त हो, चिकित्सक सही ढंग से इलाज करें, दवाएँ महँगी न हों, सरकारी अस्पतालों में योजनाओं का लाभ अंतिम पंक्ति में खड़े व्यक्ति तक पहुँचे। इस नीति के तहत अगर सरकारें काम करती हैं तो यह मान लेना चाहिए कि सरकार देश के गरीब, किसान, मजदूरों की पीड़ा को समझने लगी है।

भाजपा–नीत केंद्र सरकार के एजेंडे में मुख्य रूप से देश का वह गरीब और कमजोर तबका है, जिनके पास दवा के पैसे नहीं हैं, महिलाएँ प्रसव के दौरान दम तोड़ रही हैं, नवजात शिशु टीकाकरण के अभाव में काल के गाल में समा रहे हैं। ऐसे वक्त में केंद्र सरकार ने सबसे पहले इस महकमे की पुरानी योजनाओं का सही क्रियान्वयन करने के पश्चात् तमाम लोक कल्याणकारी योजनाओं की शुरुआत की, ताकि बीमारियों से देश की जनता को निकाला जा सके। सरकार इस महकमे में ऐसे विजन के साथ काम कर रही है, जो भारत को संपूर्ण स्वास्थ्य की तरफ ले जाता है। एक तरफ जहाँ आधुनिक तकनीकी के चिकित्सा पद्धतियों को स्वीकार किया जा रहा है, वहीं दूसरी तरफ हमारे प्राचीन चिकित्सा पद्धति, मसलन आयुर्वेद, प्राकृतिक चिकित्सा, योग आदि को भी सरकार बढ़ावा देने का काम कर रही है। चूँकि यहाँ यह बताना आवश्यक हो जाता है कि आज भी ग्रामीण क्षेत्रों में लोग नई चिकित्सा प्रणाली से ज्यादा अपने प्राचीन और प्राकृतिक चिकित्सा प्रणाली से ही अपने रोग को दूर करने का प्रयास सर्वप्रथम करते हैं। ऐसे में केंद्र सरकार भारत की मूल परंपरागत भारतीय चिकित्सा प्रणाली को भी प्रोत्साहित करने का काम रही है। इन दो वर्षों से अधिक समय के दौरान सरकार ने स्वास्थ्य को लेकर कई सारी योजनाओं की शुरुआत की है, जो सीधे तौर पर लोगों के लिए लाभकारी साबित हो रही है।

> ***''स्वास्थ्य के क्षेत्र में सरकार ने कई कदम उठाए हैं। बीमारी के दौरान हम लोगों के कंधे-से-कंधा मिलाकर खड़ा होना चाहते हैं। हमें स्वास्थ्य सेवा से भी आगे जाकर अच्छी सेहत का लक्ष्य रखना चाहिए।''***
>
> **–नरेंद्र मोदी**

मिशन इंद्रधनुष

सरकार ने सर्वप्रथम उन मूलभूत चीजों को प्राथमिकता दी, जो पहले जरूरी हैं। जाहिर है कि भारत में नवजात शिशु के जन्म लेने के पश्चात्

टीकाकरण के अभाव में असमय मृत्यु एक भयावह समस्या रही है। सरकार ने इस विषय पर गंभीरता से विचार-विमर्श करने के उपरांत 'मिशन इंद्रधनुष' की शुरुआत की। इस अभियान के जरिए सरकार टीकाकरण से छूटे हुए बच्चों के साथ-साथ गर्भवती महिलाओं का निशुल्क टीकाकरण कर रही है। इस टीकाकरण अभियान की आवश्यकता को समझें तो यह सात जानलेवा बीमारियों, जैसे पोलियो, टी.बी., हेपेटाइटिस, डिफ्थीरिया, टेटनेस, काली खाँसी तथा खसरा जैसे भयावह रोगों से मुक्ति प्रदान करता है। इस अभियान के अंतर्गत अभी तक 2.8 करोड़ से ज्यादा बच्चों और 55.4 लाख से ज्यादा गर्भवती महिलाओं का टीकाकरण किया जा चुका है। इसका लक्ष्य सभी नवजात शिशुओं का टीकाकरण करना है, जो नवजात शिशु टीकाकरण से वंचित रह गए हैं, उनका इस मिशन के अंतर्गत टीकाकरण किया जाएगा। सरकार इस अभियान पर जिस सक्रियता से अमल करने में लगी हुई है, उससे अनुमान लगाया जा सकता है कि वह दिन दूर नहीं जब भारत में टीकाकरण के अभाव में कोई नवजात असमय मृत्यु का शिकार होगा। यह अभियान इतना व्यापक है कि इसे विश्व के सबसे बड़े टीकाकरण कार्यक्रम तक की उपाधि प्राप्त हो गई।

जन औषधि योजना

प्रधानमंत्री नरेंद्र मोदी द्वारा प्रधानमंत्री जन औषधि योजना की शुरुआत 1 जुलाई, 2015 को की गई। इस योजना के तहत सरकार आमजन तक उच्च गुणवत्ता वाली जेनरिक दवाइयों को बाजार मूल्य से कम दाम में उपलब्ध कराएगी। फार्मा डिपार्टमेंट ने यह अभियान सेंट्रल फार्मा सेक्टर अंडरटेकिंग के साथ मिलकर शुरू किया है। सरकार द्वारा जन औषधि स्टोर बनाए गए हैं, जहाँ जेनरिक दवाइयाँ उपलब्ध होंगी। इस योजना के अंतर्गत सरकार आम नागरिकों को बाजार से 70 से 80 फीसद कम कीमत पर दवाइयाँ मुहैया करने का संकल्प लेकर चल रही है; जिसके लिए केंद्र सरकार जल्द ही देश भर में 1000 से ज्यादा जन औषधि केंद्र खोलेगी। वर्तमान में देश में कुल 164 जन औषधि केंद्र खोले गए हैं, जिनमें 87 केंद्र काम कर रहे हैं। गौरतलब है कि

गरीब समेत मध्यम वर्ग के लिए महँगी दवाइयाँ खरीदना मुश्किल होता है। दवाओं के दाम रोज बढ़ रहे हैं, ऐसे में सरकार की इस योजना का लाभ सीधे जनता को मिलेगा और उसे अपने काम की दवाइयाँ आसानी से तथा कम दामों में मिल जाएँगी। इस योजना के तहत सरकार दवाइयों की कालाबाजारी पर भी रोक लगाने की दिशा में पहल कर रही है। जन औषधि कार्यक्रम का मुख्य उद्देश्य जेनरिक दवाएँ, जो सस्ती और अच्छी होती हैं, के प्रति आम लोगों को जागरूक करना है। साथ ही योजना के तहत केंद्र सरकार स्टोर मालिकों को औषधि केंद्र शुरू करने के लिए 2 लाख रुपए देगी और कंप्यूटर हार्डवेयर लगाने के लिए 50 हजार रुपए तक की मदद करेगी। इसके अतिरिक्त सरकार जन औषधि स्टोर मालिकों को दवाएँ एम.आर.पी. से 16 फीसद कम दामों में उपलब्ध कराएगी, जिससे रोजगार के अवसर भी पैदा होंगे। इस प्रकार सरकार की नीतियाँ एक साथ कई पहलुओं को सारगर्भित करनेवाली हैं।

प्रधानमंत्री स्वास्थ्य सुरक्षा योजना का विस्तार

मोदी सरकार ने प्रधानमंत्री स्वास्थ्य सुरक्षा योजना के स्वरूप को बड़ा किया है। जाहिर है कि इस योजना का उद्देश्य समान रूप से चिकित्सा सुविधाएँ उपलब्ध कराना है, जो चिकित्सा के क्षेत्र में पिछड़े हुए हैं। इससे पहले अटल बिहारी वाजपेयी जब प्रधानमंत्री थे, तब 6 नए एम्स की स्थापना और 6 अस्पतालों को एम्स की तर्ज पर उन्नत करने की योजना बनाई गई थी। अब उस योजना को आगे बढ़ाते हुए केंद्र सरकार ने 11 नए एम्स की स्थापना का निर्णय लिया है। इसके साथ ही पिछली सरकार द्वारा स्थापित 58 कॉलेजों को अत्याधुनिक सुविधाओं से लैस करने का भी अहम फैसला वर्तमान केंद्र सरकार ने किया है।

जमीन पर दिख रही योजनाएँ

केंद्र सरकार के मिशन इन्द्रधनुष के तहत जगह-जगह कैंप लगाकर इसकी जानकारी और लाभ से लोगों को परिचित करवाया जा रहा है।

मोदी सरकार ने स्वास्थ्य के प्रति जिन योजनाओं की शुरुआत की है, वे सभी योजनाएँ धरातल पर बड़े पैमाने पर लोगों को लाभान्वित कर रही हैं। सरकार का विजन बिल्कुल स्पष्ट है कि योजनाओं का लाभ लाभार्थियों तक पहुँचे तथा चिकित्सा के अभाव में कोई दम न तोड़े। दरअसल इससे पहले जो सरकारें आईं, उन्होंने योजनाओं का जाल तो बिछा दिया, लेकिन उसे अमल करने के बजाय उन योजनाओं के मकड़जाल में ही उलझकर रह गईं। वर्तमान सरकार की सकारात्मक नीतियों के बदौलत स्वास्थ्य महकमा जो खुद बीमार चल रहा था, उसमें भारी सुधार देखने को मिल रहा है। आनेवाले दिनों में सरकार की इस इच्छाशक्ति को देखते हुए यह कहना अतिशयोक्ति नहीं होगी कि भारत में दवाओं के लिए पैसा न होने से किसी मरीज की मृत्यु होगी, टीकाकरण के अभाव में प्रसूता या शिशु बीमारियों का शिकार नहीं होंगे। सरकार के अभी तक के काम प्रशंसनीय हैं। सरकार इस क्षेत्र में प्रगति के मार्ग पर है।

(लेखक पत्रकारिता के छात्र हैं। विभिन्न पत्र-पत्रिकाओं में नियमित लेखन। आदर्श-वाणी ब्लॉग के संचालक हैं। मूलतः उत्तर प्रदेश के रहनेवाले हैं।)

दिव्यांगों के कौशल से बढ़ेगी अर्थव्यवस्था

पीयूष द्विवेदी

एक समय तक दिव्यांगता को सिर्फ चिकित्सा संबंधी समस्या ही समझा जाता रहा। लेकिन धीरे-धीरे समय के साथ तमाम दिव्यांग व्यक्तियों द्वारा जिस तरह से सफलता के नए मुकाम हासिल किए गए, उन्होंने समाज की दिव्यांगता संबंधी उक्त धारणा में बदलाव लाने का काम किया। संयुक्त राष्ट्र ने भी सन् 2007 में हुए अपने दिव्यांगता अधिकार सम्मेलन में दिव्यांगता को मानवीय विभिन्नता के रूप में परिभाषित करते हुए कहा, "विकलांगताओं या असमर्थताओं वाले व्यक्तियों में वे लोग शामिल होंगे, जिनकी शारीरिक, मानसिक, बौद्धिक व इंद्रिय संबंधी क्षमताएँ लंबी अवधि के लिए प्रभावित हैं और जिनके कारण उनकी समाज के विभिन्न कार्यों में प्रभावशाली तरीके से पूरी भागीदारी में बाधा पड़ती है।"

संयुक्त राष्ट्र की इस परिभाषा को भारत में सही ढंग से ग्रहण करने का काम तब हुआ, जब प्रधानमंत्री नरेंद्र मोदी ने विकलांग जनों के लिए 'दिव्यांग' शब्द के प्रयोग की शुरुआत कर यह धारणा स्थापित की कि वे असमर्थ या अशक्त नहीं, वरन् प्रकृति की एक विशिष्ट रचना हैं। दिव्यांगों के प्रति प्रधानमंत्री के संवेदनशील दृष्टिकोण को इस बात से भी बेहतर ढंग से समझा जा सकता है कि गत 17 सितंबर को उन्होंने अपना जन्मदिन नवसारी में ग्यारह हजार से अधिक दिव्यांगों के साथ मनाया। इस कार्यक्रम में नेत्रों से दिव्यांग एक बच्ची को गोद में लेकर प्रधानमंत्री मंच तक ले गए, जहाँ से उसने

रामायण का पाठ किया। साथ ही, प्रधानमंत्री एक दिव्यांग महिला की ह्वील चेयर को लेकर खुद उन्हें स्टेज से विदा करने पहुँचे। इस अवसर पर दिव्यांग बच्चों को अनेक प्रकार के जरूरी उपकरण भी बाँटे गए। स्पष्ट होता है कि प्रधानमंत्री मोदी दिव्यांग बच्चों के प्रति अत्यंत गंभीर और संवेदनशील हैं।

सन् 2011 की जनगणना के अनुसार देश में 2 करोड़ से अधिक दिव्यांग हैं। गत वर्ष 2015 में जुलाई महीने में प्रधानमंत्री नरेंद्र मोदी द्वारा 'स्किल इंडिया' नामक अपना अत्यंत महत्त्वाकांक्षी कार्यक्रम आरंभ किया गया। इसी अवसर पर प्रधानमंत्री द्वारा 2009 की राष्ट्रीय कौशल विकास नीति की जगह राष्ट्रीय कौशल विकास एवं उद्यमिता नीति 2015 की घोषणा भी की गई, जिसके द्वारा स्किल इंडिया के लक्ष्यों को पूरा करना है। अब बात यहाँ ठहरती है कि वर्तमान सरकार की कौशल विकास की दिशा में की गई इन सब कवायदों में दिव्यांगों के लिए भी क्या कुछ विशेष है? इस संबंध में उल्लेखनीय होगा कि नई कौशल विकास नीति में दिव्यांगों को भिन्न क्षमताओं (differently abled) वाले व्यक्ति के रूप में प्रतिसूचित करते हुए इस आशय का प्रावधान किया गया है कि एन.एस.डी.सी. के अंतर्गत आनेवाले क्षेत्र कौशल परिषद् (SSC) के जरिए यह व्यवस्था की जाएगी कि हर तरह के दिव्यांग व्यक्तियों के लिए उनकी शेष क्षमताओं के अनुरूप उचित कौशल प्रशिक्षण निर्धारित किए जाएँ, जिससे कि वे उसे सही ढंग से सीख और समझ सकें तथा वास्तव में रोजगार योग्य हो सकें। उल्लेखनीय होगा कि दुनिया में चार प्रकार की दिव्यांगताएँ स्वीकृत हैं—शारीरिक दिव्यांगता, दृष्टिजन्य दिव्यांगता, श्रवण संबंधी दिव्यांगता तथा मस्तिष्क संबंधी दिव्यांगता। इन चारों दिव्यांगताओं के लिए अलग-अलग प्रकार के कौशल प्रशिक्षण भी निर्धारित हैं। सामाजिक न्याय और अधिकारिता मंत्रालय द्वारा अपनी एक रिपोर्ट में ऐसे ही प्रशिक्षण क्षेत्रों का उल्लेख किया

> ***''दिव्यांगों को दया नहीं, स्वाभिमान चाहिए। इसके लिए संवेदनापूर्ण वातावरण बनाएँ, ताकि उनका स्वाभिमान प्रकट हो। दिव्यांग भी बराबरी की अपेक्षा रखते हैं।''***
>
> **—नरेंद्र मोदी**

गया। उनमें से कुछ प्रमुख प्रशिक्षण क्षेत्र निम्नलिखित हैं—

शारीरिक दिव्यांगता के कौशल प्रशिक्षण क्षेत्र : ऑटोमोबाइल, इलेक्ट्रिकल एंड इलेक्ट्रॉनिक, मेकैनिकल, इंजीनियरिंग, नॉन-इंजीनियरिंग, प्रिंटिंग, टैक्सटाइल, कृषि, जैसे कार्य क्षेत्रों से संबंधित विभिन्न प्रकार के कौशल प्रशिक्षण शारीरिक रूप से दिव्यांग लोगों को दिए जाते हैं।

दृष्टि संबंधी दिव्यांगता के प्रशिक्षण : कंप्यूटर एप्लीकेशन एंड प्रोग्रामिंग, वेब डिजाइनिंग, फिजियोथैरेपी, ऑफिस मैनेजमेंट, लाइट इंजीनियरिंग, पोस्टर मेकिंग, टॉय मेकिंग जैसे तमाम और कौशल प्रशिक्षण दृष्टि संबंधी दिव्यांगता वाले लोगों के लिए निर्धारित हैं।

श्रवण संबंधी दिव्यांगता के प्रशिक्षण क्षेत्र : ऑटोमोबाइल इंजीनियरिंग, फोटोग्राफी, स्क्रीन पेंटिंग, कंप्यूटर कोर्सेज, इलेक्ट्रिकल कोर्सेज, मोमबत्ती उत्पादन, जनरल मेकैनिक्स आदि का प्रशिक्षण श्रवण संबंधी दिव्यांगता से ग्रस्त लोगों के लिए निर्धारित हैं।

मस्तिष्क संबंधी दिव्यांगता के प्रशिक्षण क्षेत्र : दीया निर्माण, लिफाफा निर्माण, कागज के थैलों के निर्माण, हेंडीक्राफ्ट, खिलौना निर्माण, आदि प्रशिक्षण क्षेत्र मस्तिष्क की दिव्यांगता से ग्रस्त व्यक्तियों के लिए निर्धारित हैं।

ये सब प्रशिक्षण सरकारी योजनाओं के तहत राष्ट्रीय कौशल विकास निगम (एन.एस.डी.सी.) तथा अन्य सरकारी विभागों आदि द्वारा आर्थिक रूप से संचालित हैं। इनकी प्रशिक्षण अवधि न्यूनतम 1 महीने से लेकर 3 महीने, 6 महीने और अधिकतम साल भर तक होती है। हालाँकि एन.एस. डी.सी. केवल दिव्यांग लोगों के लिए नहीं है, इसका कार्य हर तरह के लोगों के कौशल विकास के लिए व्यावसायिक प्रशिक्षण केंद्रों को ऋण व अनुदान उपलब्ध करवाना है। मगर सरकार के दिव्यांगजन संबंधी अन्य संस्थानों के साथ मिलकर यह दिव्यांगों के कौशल परीक्षण की दिशा में महत्त्वपूर्ण कार्य करता है। उल्लेखनीय है कि भारत सरकार के दिव्यांगजन सशक्तीकरण विभाग द्वारा एन.एस.डी.सी. के सहयोग से 2018 तक 5 लाख दिव्यांग व्यक्तियों के कौशल विकास का लक्ष्य रखा गया है। यदि यह लक्ष्य हासिल हो जाता

है तो 2022 तक के लिए फिर एक नए लक्ष्य के निर्धारण की भी योजना अभी से तैयार है। एन.एस.डी.सी. के अतिरिक्त तमाम और ऐसी सरकारी योजनाएँ, कार्यक्रम व संगठन हैं, जो दिव्यांगों के कौशल विकास की दिशा में कार्य करते रहे हैं। ऐसे ही कुछ योजनाओं, कार्यक्रमों व संगठनों का विवरण निम्नलिखित है—

दीनदयाल दिव्यांग पुनर्वास योजना : दिव्यांगों के कौशल विकास की दिशा में यह सरकार की अत्यंत महत्त्वपूर्ण योजना है। इसके अंतर्गत दिव्यांगों के कौशल विकास हेतु व्यावसायिक प्रशिक्षण केंद्रों को परियोजना के लागत के 90 फीसद तक सहायता प्रदान किए जाने का प्रावधान है। यह योजना 15 से 35 वर्षीय लोगों के लिए ही है। इसके तहत दिव्यांग युवाओं का कौशल उन्नयन कर उन्हें आत्मनिर्भर बनाने और देश की आर्थिक प्रगति में उनकी भागीदारी सुनिश्चित करने का उद्देश्य है।

राष्ट्रीय संस्थानों के माध्यम से कौशल प्रशिक्षण : भारत सरकार के दिव्यांगजन सशक्तीकरण विभाग के प्रशासनिक नियंत्रण के अंतर्गत देश के सात राष्ट्रीय संस्थान भी दिव्यांग व्यक्तियों के लिए व्यावसायिक प्रशिक्षण कार्यक्रम आयोजित करते हैं। उद्देश्य यही है कि अधिक-से-अधिक दिव्यांगों को उनकी क्षमताओं के अनुरूप उचित कौशल का प्रशिक्षण देकर रोजगार या स्वरोजगार के योग्य बनाया जाए।

व्यावसायिक पुनर्वास केंद्र : केंद्रीय श्रम एवं रोजगार मंत्रालय द्वारा देश के विभिन्न भागों में 21 व्यावसायिक केंद्रों की स्थापना की गई है, जिनका उद्देश्य दिव्यांग व्यक्तियों के जीवन को सार्थक व उपयोगी बनाने की दृष्टि से उनकी दिव्यांगता के बाद शेष क्षमताओं के अनुरूप अनौपचारिक व्यावसायिक प्रशिक्षण व सहायता प्रदान करना है।

हालाँकि इनमें से कई योजनाओं के क्रियान्वयन के संबंध में पिछली सरकार के समय से कई खामियाँ रही हैं, जिनके कारण ये क्रियान्वयन में अकसर गड़बड़ी का शिकार हो जाती हैं और कागज में इनके परिणाम कुछ दिखते हैं, जबकि यथार्थ के धरातल पर उनकी वास्तविकता कुछ और ही होती

है। लेकिन अब सुखद बात यह है कि वर्तमान मोदी सरकार द्वारा उन समस्याओं पर ध्यान दिया गया है। वर्तमान सरकार द्वारा जारी राष्ट्रीय कौशल विकास व उद्यमिता नीति-2015 में उन क्रियान्वयन संबंधी समस्याओं को समझा गया है और उनके निवारण के लिए प्रावधान भी किए गए हैं। नई नीति में प्रशिक्षण की गुणवत्ता की निगरानी के लिए एन.एस.क्यू.एफ. का प्रावधान किया गया है, जो यह तय करेगा कि अमुक संस्थान संबंधित प्रशिक्षण के लिए आवश्यक अहर्ताओं की पुष्टि करता है या नहीं। इसके बाद ही उस संस्थान को संबंधित प्रशिक्षण का दायित्व सौंपा जाएगा। इसके अतिरिक्त इस नीति के अंतर्गत किए जानेवाले सभी कार्यों के क्रियान्वयन की निगरानी के लिए सरकार द्वारा 'नीति क्रियान्वयन इकाई' बनाई गई है, जो नीति आयोग के अंतर्गत कार्य करते हुए इस बात की प्रतिमाह निगरानी करेगी कि नई कौशल विकास नीति के तहत जो कौशल प्रशिक्षण के दायित्व जिन संस्थानों को सौंपे गए हैं, वे उनका समुचित क्रियान्वयन कर रहे हैं या नहीं।

वैसे इस संबंध में सरकार की एक बड़ी चुनौती यह मानी जा रही है कि वह अपनी इस कौशल विकास मुहिम से देश के गाँवों, वहाँ के दिव्यांगों को कितना जोड़ पाती है। संतोषजनक बात यह है कि सरकार इस दिशा में पहल कर रही है और योजनाओं को गाँव-गाँव पहुँचाने पर जोर भी दे रही है। देश के अधिकाधिक दिव्यांगों को कुशल कामगार बनाने और देश की अर्थव्यवस्था में उनकी शेष क्षमताओं का लाभ लेने के लिए यह आवश्यक है। सरकार के प्रयासों को देखकर यह स्पष्ट होता है कि प्रधानमंत्री ने सिर्फ दिव्यांग जैसा शब्द देकर विकलांग व्यक्तियों में आत्मविश्वास भरने का काम ही नहीं किया, बल्कि अब इस दिशा में जमीनी स्तर पर कदम उठाकर उनको आत्मनिर्भर बनाने की दिशा में भी बढ़ रही है।

(लेखक विभिन्न पत्र-पत्रिकाओं में नियमित लेखन करते हैं।
खुद दिव्यांग हैं। मूलतः उत्तर प्रदेश के रहनेवाले हैं।)

आयुष मंत्रालय : स्वस्थ और समृद्ध समाज बनाने का लक्ष्य

रजनीश गर्ग

लोकसभा के लिए 2014 में हुए आम चुनावों में भाजपा-नीत गठबंधन को भारत और भारतीयता की विचारधारा के मुद्दे पर पूरे देश से बहुमत और समर्थन मिला था। यही वजह है कि प्रधानमंत्री नरेंद्र मोदी के नेतृत्व वाली सरकार के बनते ही बहुत से ऐसे कदम उठाए, जिनकी लोगों को उनसे अपेक्षा थी। इनमें से एक बेहद प्रशंसनीय निर्णय था—भारतीय पारंपरिक चिकित्सा पद्धतियों के लिए एक अलग मंत्रालय का गठन। हमें इस बात का श्रेय नरेंद्र मोदी के नेतृत्व वाली इस सरकार को देना होगा कि उन्होंने आते ही इस विषय के लिए अलग से एक आयुष मंत्रालय बनाकर पारंपरिक चिकित्सा विज्ञान में छुपी अनंत संभावनाओं को पहचाना और उसे एक नई दिशा दी। चूँकि अनंत संभावनाओं के बावजूद आजाद भारत में बरसों से उपेक्षा का शिकार रही भारतीय पारंपरिक चिकित्सा पद्धतियों को जो स्थान मिलना चाहिए था, वो नहीं मिला था। इस विषय पर जो शोध और अनुसंधान होना चाहिए था, दुनिया भर में भारतीय पारंपरिक चिकित्सा पद्धतियों की जो स्वीकार्यता होनी चाहिए थी, वो नहीं थी।

हमारे देश में बहुत सी आर्थिक विषमताएँ हैं, खासतौर से ग्रामीण क्षेत्र में अभी भी एक बहुत बड़ा वर्ग ऐसा है, जिनके पास पर्याप्त स्वास्थ्य सुविधाएँ

नहीं हैं और जिनके लिए एलोपैथी जैसी महँगी इलाज पद्धतियों के लिए आर्थिक सामर्थ भी नहीं है। ऐसे में आयुर्वेद, योग एवं प्राकृतिक चिकित्सा जैसी पारंपरिक पद्धतियाँ बहुत कारगर साबित हो सकती हैं। एक तो यहाँ पर इस पद्धति में इस्तेमाल होनेवाले संसाधनों की कमी नहीं है, दूसरा इन पारंपरिक पद्धतियों के विकास से स्थानीय लोगों को प्रशिक्षित कर उन्हें रोजगार भी दिया जा सकता है।

समृद्धि की असीम संभावना

कहा जाता है कि गरीबी की एक बड़ी वजह ऐसे लोगों की कमाई का एक बड़ा हिस्सा उनकी स्वास्थ्य सुविधाओं पर खर्च होना है। ऐसे में यदि हम अपनी ही पारंपरिक चिकित्सा सुविधाओं का विकास करेंगे तो स्वास्थ्य सुविधाओं का खर्च भी कम होगा, साथ ही स्थानीय लोगों को रोजगार भी मिलेगा और अगर हम इन सुविधाओं को थोड़ा और विकसित कर लें तो स्वास्थ्य पर्यटन की नई संभावनाओं को भी तलाशा जा सकता है। शायद यही कारण है कि नरेंद्र मोदी नेतृत्व की सरकार ने इन चिकित्सा पद्धतियों के विकास और प्रचार-प्रसार के लिए सरकार में आते ही एक अलग मंत्रालय का गठन किया। अगर हम पिछले दो वर्षों का रिकॉर्ड देखें तो निश्चित तौर से हमें इस उद्‌देश्य में सफलता भी मिली है, संयुक्त राष्ट्र संघ से 177 सदस्य देशों के सहयोग से 21 जून को अंतरराष्ट्रीय योग दिवस घोषित करवा लेना अपने आप में एक बड़ी उपलब्धि है। अब तक हम 21 जून को दो अंतरराष्ट्रीय योग दिवस मना चुके हैं। दोनों ही योग दिवस पर देश दुनिया में लोगों का उत्साह बेजोड़ था। योग और भारतीय पारंपरिक चिकित्सा पद्धतियों के लिए अंतरराष्ट्रीय

> ***''योग को किसी विवाद में डाले बिना, परलोक के लिए नहीं, इस दुनिया में स्वस्थ तरीके से जीने के लिए इसे अपनाना चाहिए। योग खुद से जुड़ने का उत्तम मार्ग है और यह जीरो बजट वाला दुनिया का पहला हैल्थ इंश्योरेंस है।''***
>
> **—नरेंद्र मोदी**

स्तर पर भारत के प्रति यह आकर्षण कई क्षेत्रों में हमारे लिए नई संभावनाएँ पैदा करता है। देश-विदेश में योग शिक्षकों की माँग बढ़ने से भारतीय युवाओं के लिए रोजगार के नए अवसर बनेंगे और पारंपरिक चिकित्सा पद्धतियों की माँग भी बढ़ेगी। देश भर में प्राकृतिक चिकित्सालयों को बढ़ावा देने के लिए भी सरकार कई नई योजनाएँ बना रही है, ताकि आर्थिक रूप से कमजोर पड़ चुकी पारंपरिक चिकित्सा पद्धतियों में काम करनेवाली संस्थाओं की मदद की जा सके। इस दिशा में भारत सरकार के आयुष मंत्रालय और विश्व स्वास्थ्य संगठन (डब्ल्यू.एच.ओ.), जिनेवा के बीच जो पारंपरिक औषधि के क्षेत्र में सहयोगात्मक गतिविधियों के लिए होनेवाले समझौते की मंजूरी हुई है, उससे आयुष प्रणाली को ब्रांड बनाने में मदद मिलेगी।

वैश्विक पटल पर भारतीय पद्धति

विश्व स्वास्थ्य संगठन के साथ लंबी अवधि के सहयोग से भारतीय पारंपरिक चिकित्सा पद्धतियों की अंतरराष्ट्रीय स्वीकार्यता भी बढ़ेगी। इसके लिए आयुष और विश्व स्वास्थ्य संगठन के बीच शिक्षा, कौशल विकास, कार्यशालाओं, प्रकाशनों और कार्यक्रमों के आदान-प्रदान के जरिए सदस्य देशों के बीच औषधि की आयुष प्रणाली के बारे में जागरूकता बढ़ाने की सुविधा होगी। लंबी अवधि के सहयोग के पहले कदम में भारत विश्व स्वास्थ्य संगठन को निम्नलिखित तकनीकी आलेख/प्रकाशन तैयार करने की जिम्मेदारी सौंपेगा, जिससे भारतीय प्रणाली को बेहतर अंतरराष्ट्रीय स्वीकार्यता दिलाने में मदद मिलेगी—

1. योग में प्रशिक्षण के लिए मानदंड,
2. आयुर्वेद चिकित्सा के लिए मानदंड,
3. यूनानी औषधि के लिए मानदंड,
4. पंचकर्म चिकित्सा के लिए मानदंड।

इस बात की पूरी संभावना है कि विश्व स्वास्थ्य संगठन और आयुष के बीच समझौते से आयुष प्रणाली को अपनाने वालों को लाभ होगा और

आयुष में भारतीय विषय विशेषज्ञों के लिए देश-विदेश में रोजगार के नए अवसर खुलेंगे।

आयुष पद्धतियों के प्रचार-प्रसार में प्रधानमंत्री मोदी के नेतृत्व में केंद्र सरकार के दो साल के रिकॉर्ड को देखकर निश्चित तौर से यह कहा जा सकता है कि आजाद भारत में पिछले सत्तर सालों से हमारी समृद्ध सांस्कृतिक विरासत, यानी कि भारतीय पारंपरिक चिकित्सा पद्धति की जो उपेक्षा हुई थी, कम-से-कम इस सरकार ने अपनी दूरदृष्टि से उस में एक अलग आयुष मंत्रालय बनाकर प्राण फूँकने का काम तो कर ही दिया है, अब जैसे-जैसे देश-दुनिया में इन पद्धतियों को प्रचार-प्रसार होता जाएगा, इनकी लोकप्रियता बढ़ती जाएगी और बेहतर नतीजे भी सामने आने लगेंगे, जिसका सीधा लाभ खासतौर से उन लोगों को मिलेगा, जिनके पास बरसों से यह विद्या तो है; लेकिन उसका अनमोल मूल्य अब तक किसी ने नहीं पहचाना था। इसका एक फायदा देश के स्वास्थ्य बजट में भी होगा। एलोपैथी की वजह से हैल्थ बजट पर खर्च होनेवाली एक बड़ी धनराशि को इस तरह की पारंपरिक पद्धतियों के प्रोत्साहन से काफी हद तक कम तो किया जा ही सकेगा, साथ ही दूर-दराज के क्षेत्रों में रहनेवाले उन गरीब लोगों तक भी ये सस्ती और बेहतर स्वास्थ्य सुविधाएँ पहुँचेंगी, जो अब तक महँगी इलाज पद्धतियों के चलते इन से वंचित थे।

(लेखक केंद्रीय योग एवं प्राकृतिक चिकित्सा अनुसंधान परिषद्, आयुष मंत्रालय में मीडिया सलाहकार हैं। मूलतः दिल्ली के रहनेवाले हैं।)

विदेश नीति : हर मोर्चे पर कामयाब दिख रही सरकार

रमेश कुमार दुबे

भारतीय संदर्भ में देखें तो विदेश नीति तय करने में प्रधानमंत्री की अहम भूमिका होती है। आजादी के बाद भारतीय प्रधानमंत्रियों ने इस दायित्व को बखूबी निभाया, लेकिन आगे चलकर कतिपय कारणों से इसमें गिरावट आई। इसका परिणाम ढुलमुल विदेश नीति के रूप में सामने आया। उदाहरण के लिए संप्रग-1 में सरकार की सहयोगी द्रविड़ मुनेत्र कड़गम की समर्थन वापसी की धमकी के कारण सरकार को श्रीलंका संबंधी नीति में बदलाव करना पड़ा था। ढुलमुल विदेश नीति के कारण ही नेपाल जैसा परंपरागत मित्र भी हमसे दूर हुआ। मुसलिम वोट बैंक के लोभ में संप्रग सरकार ने आतंकवाद और पाकिस्तान प्रायोजित अलगाववाद के प्रति आवश्यकता से अधिक नरमी बरती। 26/11 के मुंबई हमले के बाद भी सरकार पाकिस्तान के प्रति रक्षात्मक रवैया अपनाए रही और उसे अंतरराष्ट्रीय स्तर पर अलग-थलग करने की कोई कोशिश नहीं की। इसका दुष्परिणाम यह हुआ कि भारत को आतंकवाद पीड़ित देश के रूप में वह सहानुभूति नहीं मिली, जिसका वह हकदार था।

सन् 2014 के लोकसभा चुनाव में भाजपा के प्रधानमंत्री पद के दावेदार नरेंद्र मोदी ने अंतरराष्ट्रीय स्तर पर भारत की गिरती साख और आतंकवाद

के प्रति नरमी का मुद्दा जोर-शोर से उठाया। जनता को भी नरेंद्र मोदी में उम्मीद दिखी और उसने भाजपा को पूर्ण बहुमत से जिताया। प्रधानमंत्री बनने के बाद मोदी ने सबसे पहला काम यह किया कि प्रधानमंत्री पद की गरिमा को बहाल किया और इसी के अनुरूप विदेश नीति को एक नया आयाम दिया। प्रधानमंत्री नरेंद्र मोदी इस बात को अच्छी तरह जानते हैं कि देश को विकास-पथ पर ले जाना है तो महाशक्तियों के साथ-साथ पड़ोसी देशों के साथ मधुर संबंध बनाना होगा। इसी दूरगामी नीति के तहत उन्होंने 2014 में प्रधानमंत्री पद के शपथ ग्रहण समारोह में दक्षिण एशियाई देशों के राष्ट्राध्यक्षों को आमंत्रित किया। प्रधानमंत्री ने अपनी विदेश यात्राओं की शुरुआत भी भूटान से की। उनकी इस पहल का सकारात्मक परिणाम निकला और पाकिस्तान को छोड़कर सभी दक्षिण एशियाई देशों के साथ भारत के संबंध सुधरे। इसके बाद मोदी ने दुनिया भर में भारत के हितों को आगे बढ़ाने के लिए विदेश यात्राओं की मुहिम शुरू की। चाहे अमेरिका का मेडिसन स्क्वायर हो या ब्रिटेन का वेम्बले स्टेडियम, हर जगह प्रधानमंत्री ने भारत का गौरव बढ़ाया। इस उपलब्धि पर जहाँ दुनिया भर में भारतीय इतरा रहे हैं, वहीं विरोधी दल के नेताओं ने मोदी की विदेश यात्राओं पर आरोपों की झड़ी लगा दी। कभी कहा गया कि मोदी जनता के पैसे से दुनिया की सैर कर हैं और कभी

> ***''राष्ट्र की रक्षा के लिए जितना महत्त्व है, भिन्न-भिन्न सेना के जवानों के साथ जुड़ा हुआ है, उतना ही देश के नेतृत्व का मिजाज भी बड़ा महत्त्व रखता है। भारत किसी को भी आँख दिखाने के पक्ष में नहीं है और न ही भारत अब आँख झुका करके जीने के लिए तैयार है। दुनिया की कोई कितनी ही बड़ी ताकत क्यों न हो, भारत आँख मिला करके आगे बढ़ने का पक्षकार है और इसमें आँख दिखाने के हमारे सपने नहीं हैं। आँख झुकाने की हमारी तैयारी नहीं है, लेकिन विश्व के साथ आँख-से-आँख मिला करके बात करने का सामर्थ्य भारत की सरकार में है।''***
>
> **—नरेंद्र मोदी**

कहा गया कि वे ढोल-नगाड़ा बजा रहे हैं। किसी ने उन्हें 'एन.आर.आई. प्रधानमंत्री' कहा तो किसी ने संसद् में आने के लिए पासपोर्ट देने की माँग उठाई। लेकिन मोदी इन आलोचनाओं से बेफिक्र होकर संबंध सुधार की अपनी मुहिम में लगे रहे।

असरकारक साबित हुई यात्राएँ

संप्रग सरकार में भ्रष्टाचार, नीतिगत पंगुता, 'जयंती टैक्स' आदि के कारण भारत के प्रति विदेशी निवेशकों के मन में अविश्वास और असमंजस की स्थिति पैदा हो गई थी। मोदी ने अपनी विदेश यात्राओं के जरिए निवेशकों-उद्योगपतियों को यह संदेश दिया कि भारत में अब कानून का शासन है। इतना ही नहीं, उन्होंने निवेशकों को किसी भी सूरत में पैसा न डूबने की गारंटी देते हुए खुलकर निवेश करने को कहा। उनके अनुसार सरकार में लालफीताशाही कम हुई है और कर ढाँचे को और सरल बनाने की कवायद चल रही है। अपनी जापान यात्रा के दौरान प्रधानमंत्री ने यहाँ तक कहा कि हमारे यहाँ अब 'रेड टेप' नहीं निवेशकों के लिए 'रेड कार्पेट' बिछा है। नरेंद्र मोदी ने मेक इन इंडिया, डिजिटल इंडिया जैसे अभियानों के जरिए भारत को एक ब्रांड के रूप में स्थापित किया, जिससे भारत की दुनिया भर में धाक जमी और निवेशकों का विश्वास लौटा। इन्हीं विदेश यात्राओं का परिणाम है कि विदेशी निवेश में तेजी से बढ़ोतरी हुई और 2015 में भारत दुनिया भर में सबसे अधिक प्रत्यक्ष विदेशी निवेश प्राप्त करनेवाला देश बना।

प्रधानमंत्री को एक बड़ी सफलता दक्षिण-पूर्व व पूर्वी एशियाई देशों के साथ संबंध सुधारने के रूप में मिली। चीन लंबे समय से भारत को चारों ओर से घेरने की रणनीति के तहत पाकिस्तान के साथ-साथ श्रीलंका, बँगलादेश, म्याँमार, मालदीव में अपनी उपस्थिति बढ़ाने में लगा था। प्रधानमंत्री ने यहाँ आक्रामक विदेश नीति का परिचय देते हुए चीन को चारों ओर से घेरने के लिए दक्षिण-पूर्व एशियाई देशों के साथ संबंध सुधार को प्राथमिकता दी। मोदी ने म्याँमार, वियतनाम, कंबोडिया, जापान, दक्षिण कोरिया के साथ रिश्तों को

एक नया आयाम दिया। चूँकि चीन की आक्रामकता से दक्षिण एशियाई देश चिंतित हैं, इसलिए उन्होंने भारत की संबंध सुधार पहल को हाथोहाथ लिया। उल्लेखनीय है कि दक्षेस यानी दक्षिण एशियाई क्षेत्रीय सहयोग संगठन की धीमी प्रगति से ऊबकर भारत ने 1990 के दशक में 'पूर्व की ओर देखो' यानी 'लुक ईस्ट' नीति अपनाई थी। मोदी सरकार ने इस नीति को आगे बढ़ाकर 'ऐक्ट ईस्ट' नीति में बदल दिया। दक्षिण-पूर्व व पूर्वी एशियाई देशों के साथ भारत की सांस्कृतिक एकता की सुदीर्घ परंपरा रही है। प्रधानमंत्री नरेंद्र मोदी ने इसी सांस्कृतिक रिश्तों को प्रगाढ़ बनाकर, जो आर्थिक व कूटनीतिक दाँव चला, वह कसौटी पर खरा उतरा। आसियान देशों के साथ आर्थिक संबंधों को मजबूत बनाने के उद्देश्य से सरकार स्थलीय संपर्क को प्राथमिकता दे रही है। इस दिशा में एक महत्त्वपूर्ण पड़ाव है भारत-म्याँमार-थाईलैंड सुपर हाईवे, जो इस साल के आखिरी तक पूरी तरह खुल जाएगा। 3200 किलोमीटर लंबा यह हाइवे मोरेह (मणिपुर) से शुरू होकर म्याँमार के मांडले व यंगून होते हुए मेसोट (थाईलैंड) को जोड़ेगा।

मध्य एशिया सहित पश्चिम में भी पकड़ मजबूत

पूर्वी एशियाई देशों की भाँति प्रधानमंत्री ने पश्चिम व मध्य एशियाई देशों के साथ संबंध सुधार को एक नया आयाम दिया। संप्रग शासन काल में भारत और ईरान के संबंध खराब हो गए थे, लेकिन प्रधानमंत्री नरेंद्र मोदी ने ईरान के दूरगामी महत्त्व को देखते हुए उसके साथ संबंध सुधार को प्राथमिकता दी। इसका परिणाम चाबहार बंदरगाह समझौता के रूप में आया। इससे न केवल ईरान से कारोबारी संबंध मधुर बने बल्कि अफगानिस्तान से संबंध सुधार की प्रक्रिया में पाकिस्तान पर निर्भरता भी खत्म हो गई। इतना ही नहीं, इससे भारतीय उत्पादों के मध्य एशियाई गणराज्यों व पूर्वी यूरोपीय देशों तक पहुँचने के लिए एक नया स्थलीय मार्ग भी मिल गया। अब भारतीय सामान कम कीमत में इन इलाकों में पहुँचेगा। इसी तरह मोदी ने अपनी विदेश नीति के जरिए फारस की खाड़ी से लगे देशों को भारत के करीब लाने का सफल

प्रयास किया। कच्चे तेल की कीमतें घटने और सऊदी अरब की सरकार द्वारा खर्चों में कटौती करने के कारण यहाँ की अर्थव्यवस्था मंदी की शिकार हो गई। इससे हजारों भारतीयों की नौकरी चली गई। प्रधानमंत्री नरेंद्र मोदी ने इस मौके पर सऊदी अरब के शासकों से संपर्क कर भारतीयों को मुआवजा दिलवाने और उनकी घर वापस बुलाने का इंतजाम किया। मोदी की यात्राओं से विश्व-पटल पर भारत की प्रतिष्ठा तेजी से बढ़ी। इसी का परिणाम है कि वे जिस देश की यात्रा करते हैं, वह देश संयुक्त राष्ट्र सुरक्षा परिषद् में भारत की स्थायी सदस्यता का समर्थन करने लगता है। अब नरेंद्र मोदी ने संबंध सुधार व विदेशी निवेश लाने के लिए एक अनूठी पहल शुरू की है। इसके तहत सरकार के प्रत्येक मंत्री को दो देशों के दौरे पर भेजा जाएगा। इस तरह सरकार उन 68 देशों को कवर करेगी, जिसमें मौजूदा सरकार का कोई प्रतिनिधि अब तक नहीं गया है। 2016 तक दुनिया के सभी देशों से संपर्क स्थापित करने की योजना है।

उरी की अग्नि परीक्षा में खरे उतरे प्रधानमंत्री

प्रधानमंत्री नरेंद्र मोदी की विदेश नीति की अग्निपरीक्षा पिछले दिनों देखने को मिली, जब उड़ी हमले के बाद उन्होंने पाकिस्तान की अंतरराष्ट्रीय मंचों पर नए सिरे से घेरेबंदी की। उन्होंने पूरी दुनिया का ध्यान इस ओर खींचा कि पाकिस्तान आतंकवाद का निर्यातक देश बन चुका है। पाकिस्तान को अंतरराष्ट्रीय मंच पर अलग-थलग करने के लिए मोदी ने अपनी विदेश यात्राओं के दौरान अर्जित मधुर संबंधों का लाभ उठाया और इसमें शत-फीसद कामयाब पाई। जो अमेरिका सदैव पाकिस्तान के साथ खड़ा रहता था, उसने साफ-साफ कह दिया कि पाकिस्तान को सीमापार आतंकवाद पर नकेल कसनी होगी। चीन ने भी संतुलित दृष्टिकोण अपनाया। इसका परिणाम यह हुआ कि बात-बात में एटमी हमले की धमकी देने वाला पाकिस्तान रक्षात्मक मुद्रा में आ गया। लेकिन नरेंद्र मोदी यहीं नहीं रुके। देश भर में उड़ी हमले का जवाब देने की उठ रही जनाकांक्षाओं का ध्यान रखते हुए सेना को खुली छूट दे दी कि वह अपने तरीके से इस हमले का उत्तर दे। जब सेना ने पाकिस्तान

से लगी सीमा पार कर सर्जिकल स्ट्राइक को अंजाम दिया, तब पाकिस्तान स्तब्ध रह गया; क्योंकि उसने सपने में भी नहीं सोचा था कि भारत कभी आक्रामक मुद्रा अपनाएगा। इस हमले के बाद लोगों ने मानना शुरू कर दिया कि मोदी के नेतृत्व में अब भारत के 'अच्छे दिन' और आतंकवाद के 'बुरे दिन' आ गए हैं। मोदी की विदेश नीति की सबसे बड़ी कामयाबी यह है कि पाकिस्तान में घुसकर की गई सर्जिकल स्ट्राइक पर पूरी दुनिया भारत के साथ खड़ी है। अब मोदी 57 इस्लामिक देशों के संगठन ऑर्गेनाइजेशन ऑफ इसलामिक कोऑपरेशन (ओ.आई.सी.) में पाकिस्तान को अलग-थलग करने की मुहिम में जुटे हैं। इसकी शुरुआत अफ्रीकी देशों से हो चुकी है। इतना ही नहीं, प्रधानमंत्री मोदी की विदेशी नीति पाकिस्तान के भीतर भी काम कर रही है। आज पाकिस्तान अधिकृत कश्मीर में पाकिस्तान के विरोध में प्रदर्शन हो रहे हैं और सिंध व बलूचिस्तान में आजादी की माँग उठ रही है तो इसे प्रधानमंत्री मोदी की विदेश नीति की सफलता ही माना जाएगा।

(लेखक वरिष्ठ स्तंभकार हैं। वर्तमान में केंद्रीय सचिवालय में कार्यरत हैं। मूलतः उत्तर प्रदेश के रहनेवाले हैं।)

जी.एस.टी. : कर-प्रणाली सुधार में बड़ी सफलता

अरुण कुमार गुप्ता

सन् 1994 में सेवा-कर के अधिरोपण से आरंभ हुई अप्रत्यक्ष कर प्रणाली के तार्किकीकरण की प्रक्रिया, मूल्यवर्धित कर प्रणाली के आवश्यक चरण से गुजरते हुए वस्तु एवं सेवा-कर (जी.एस.टी.) के लागू होते ही अपनी परिणति को प्राप्त हो जाएगी। जी.एस.टी. को स्वतंत्र भारत का सबसे महत्त्वपूर्ण एवं युगांतकारी अप्रत्यक्ष कर सुधार कहा जा रहा है, क्योंकि इस प्रणाली में प्रशासनिक जटिलताओं एवं कर-चोरी को न्यूनतम करके न केवल उद्योग जगत् को बल्कि आम आदमी के हितों की रक्षा सुनिश्चित करने का प्रयास किया गया है।

वस्तु एवं सेवा-कर जैसा कि नाम से ही स्पष्ट है, एक ऐसी कर प्रणाली है, जिसमें वस्तुओं के उत्पादन, विक्रय एवं सेवाओं पर समेकित रूप से अलग-अलग कर वसूलने के स्थान पर लगभग डेढ़ दर्जन करों को समाहित करके एकमात्र कर 'जी.एस.टी.' लिया जाएगा। वर्तमान व्यवस्था में ये कर केंद्र एवं राज्यों द्वारा अलग-अलग लगाए एवं एकत्र किए जाते हैं। जी.एस.टी. के आने के बाद जो कर जी.एस.टी. में समाहित हो जाएँगे, उनकी सूची इस प्रकार है।

केंद्रीय स्तर पर शामिल होनेवाले कर

- केंद्रीय उत्पाद शुल्क
- अतिरिक्त उत्पाद शुल्क
- सेवा-कर
- अतिरिक्त सीमा शुल्क (काउंटरवेलिंग ड्यूटी)
- सीमा शुल्क का विशेष अतिरिक्त शुल्क

राज्य स्तर पर शामिल होनेवाले कर

- राज्य मूल्य संवर्धन कर/बिक्री कर
- मनोरंजन कर (स्थानीय निकायों द्वारा लागू करों को छोड़कर)
- केंद्रीय बिक्री कर (केंद्र द्वारा लागू और राज्य द्वारा वसूल किए जानेवाला)
- चुंगी और प्रवेश कर
- खरीद कर
- विलासिता कर
- लॉटरी, सट्टा और जुआ पर कर।

''एक भारत के भाव को ताकत देने वाली माला में एक और मोती है जी.एस.टी.। जी.एस.टी. से छोटे कारोबारियों और कंज्यूमर को सबसे ज्यादा लाभ होगा। छोटे उद्यमियों को सुरक्षित करने से देश को फायदा होगा।''

—नरेंद्र मोदी

स्पष्ट है कि इन करों के विलय से कर-संग्रह में न केवल सरलता आएगी बल्कि कर एकत्र करने में होनेवाला व्यय भी कम हो जाएगा। प्रशासनिक कार्य-कुशलता की दृष्टि से जी.एस.टी. एक सार्थक कदम साबित होगा। भारत में संघीय व्यवस्था को अपनाया गया है, इसी कारण राज्यों का प्रतिनिधित्व सुनिश्चित करने के लिए जी.एस.टी. को सी.जी.एस.टी. (केंद्रीय राज्य वस्तु एवं सेवा-कर) एवं एस.जी.एस.टी. (राज्य वस्तु एवं सेवा-कर) में विभाजित किया गया है। सी.जी.एस.टी. केंद्र द्वारा तो एस.जी.एस.टी. राज्यों द्वारा बसूला जाएगा, इसके अतिरिक्त आई.जी.एस.टी. (एकीकृत जी.एस.टी.)

अंतरराज्यीय सप्लाई पर केंद्र द्वारा एकत्र किया जाएगा। जी.एस.टी. व्यवस्था की एक अन्य विशेषता यह है कि इसमें उपरोक्त वर्णित सभी करों के लिए एक ही बार पंजीयन (रजिस्ट्रेशन) करना होगा। यहाँ तक कि सी.जी.एस.टी. एस.जी.एस.टी. एवं आई.जी.एस.टी. के लिए भी अलग-अलग पंजीयन की जरूरत नहीं होगी। न केवल पंजीयन बल्कि तीनों के लिए एक ही रिटर्न भरना होगा, वह भी ऑनलाइन। इस प्रकार उद्योग जगत् के लिए यह बेहद सरल व्यवस्था है। जी.एस.टी. के कुशल संचालन के लिए व्यापक नेटवर्क तैयार किया गया है, जिसे जी.एस.टी.एन. (जी.एस.टी. नेटवर्क) कहा जा रहा है। इस तकनीकी पहल के माध्यम से यह सुनिश्चित किया जाएगा कि समस्त प्रशासनिक प्रक्रियाओं को समयबद्ध तरीके से पूरा किया जा सके तथा कुशल मॉनीटरिंग की जा सके। इससे भ्रष्टाचार को रोकने में सहायता मिलेगी।

एकीकृत बाजार की ओर कदम

जी.एस.टी. के माध्यम से समस्त भारत के बाजार को एकीकृत किया जा सकेगा। वर्तमान व्यवस्था में भारत में अप्रत्यक्ष कर केंद्र एवं राज्यों में विभाजित हैं। इसी कारण कई बार ऐसा होता है कि जिन वस्तुओं के संपूर्ण मूल्य पर एक बार केंद्र या राज्यों द्वारा कर बसूला जा चुका होता है, उन्हीं वस्तुओं पर पुनः कर बसूला जाता है। तकनीकी भाषा में इसे 'केस्केडिंग प्रभाव' कहते हैं, अर्थात् करों के ऊपर कर लगाना। उदहारण के लिए, यदि आप किसी वातानुकूलित भोजनालय में 1000 रुपए का भोजन करते हैं तो राज्य आपसे भोजन के संपूर्ण मूल्य अर्थात् पूरे 1000 रुपए पर वैट वसूलेगा। पुनः भोजन के इसी मूल्य के 40 फीसद पर केंद्र द्वारा सेवा-कर भी वसूला जाएगा। कुल मिलकर आपसे भोजन के मूल्य के 140 फीसद कर वसूला जाता है। एक तरफ तो यह व्यवस्था कराधान के मूल सिद्धांत के विपरीत है, जिसके हिसाब से किसी भी वस्तु के वास्तविक मूल्य से अधिक राशि पर कर नहीं लगाया जाना चाहिए। दूसरी ओर यह व्यवस्था उपभोक्ता को वस्तु की कीमत जरूरत से अधिक चुकाने पर भी विवश करती है। जी.एस.टी. लागू होने के बाद उपभोक्ता को 1000 रुपए

पर केवल एक बार ही कर चुकाना होगा। जी.एस.टी. की एक अन्य विशेषता यह है कि यह कर वस्तुओं एवं सेवाओं की सप्लाई पर लगेगा, अर्थात् जिस स्थान पर वस्तुओं एवं सेवाओं का उपभोग किया जाएगा, वहीं यह कर वसूला जाएगा। वर्तमान में करों का अधिरोपण प्रायः उन स्थानों पर किया जाता है, जहाँ वस्तुओं का उत्पादन या विपणन किया जाता है। वर्तमान व्यवस्था आर्थिक तौर पर औद्योगीकृत राज्यों के पक्ष में है, जबाकि जी.एस.टी. व्यवस्था में उन राज्यों को आर्थिक तौर पर मजबूती मिलेगी, जो उपभोग अधिक करते हैं। भारत में औद्योगिकीकरण की प्रक्रिया में पिछड़ गए राज्यों को जी.एस.टी. के माध्यम से आर्थिक संबल मिलेगा। इस तरह जी.एस.टी. व्यवस्था भारत के बाजार का तो एकीकरण करेगी ही, साथ ही संसाधनों का पुनर्वितरण कर राज्यों के मध्य आर्थिक असमानता को भी दूर करेगी।

निर्मूल है महँगाई बढ़ने की आशंका

जी.एस.टी. के बारे में एक यह आशंका व्यक्त की गई है कि इसके लागू होते ही देश में महँगाई बढ़ेगी। वास्तव में इस आशंका का कोई आधार नहीं है। हमारे वित्त मंत्री भी इस संबंध में देश की जनता को आश्वस्त कर चुके हैं। उन्होंने स्पष्ट किया है कि उपभोक्ता मूल्य सूचकांक के आधार पर खुदरा महँगाई दर जिन वस्तुओं और सेवाओं के आधार पर निर्धारित की जाती है, उनमें से 50 फीसद वस्तुओं एवं सेवाओं पर तो जी.एस.टी. लगेगा ही नहीं। जबकि बाकी बची दैनिक उपयोग की आम वस्तुओं पर जीएसटी दर 5 फीसद रहेगी। वहीं जीएसटी की मानक दर को 12 से 18 फीसद तक रखा गया है। लंबे समय तक उपयोग होने वाली वस्तुओं के लिए यह दर 28 फीसद तय की गई है। हालाँकि पेट्रोलियम एवं मद्य आदि में दर तय करने का अधिकार राज्यों का होगा। महँगाई की आशंका को ध्वस्त करनेवाला एक तकनीकी पहलू भी है। ऊपर स्पष्ट किया गया है कि जी.एस.टी. व्यवस्था केंद्र और विभिन्न राज्यों में बँटे भारतीय बाजार का एकीकरण कर देगी। इस एकीकरण का परिणाम यह होगा की वास्तु के उत्पादन से लेकर खुदरा बाजार में आम उपभोक्ता तक

पहुँचने तक के सभी चरणों में किए जानेवाले केवल मूल्यवर्धन पर ही कर लगेगा, न कि हर चरण में वस्तु के कुल मूल्य पर। प्रत्येक चरण पर चुकाया गया कर अगले चरण पर क्रेडिट के रूप में उपलब्ध होगा, जिसका उपयोग आगे कर चुकाने में किया जा सकता है। इससे केस्केडिंग प्रभाव समाप्त होगा, साथ ही कर–चोरी अत्यंत कठिन हो जाएगी। इसका संपूर्ण प्रभाव यह होगा कि वस्तुओं की कीमत नियंत्रित करने में सहायता मिलेगी और कर–चोरी रुकने से सरकार कर–संग्रह का दायरा बढ़ाकर अतिरिक्त संसाधन जुटा सकेगी। कालांतर में यह अतिरिक्त संसाधन उपलब्ध होने से सरकार कर की दर को कम भी कर सकती है, जो पुनः महँगाई से लड़ने में सहायक होंगे।

जी.एस.टी. व्यवस्था के लाभों से कोई भी असहमत नहीं हो सकता। फिर भी भारत जैसे विशाल देश में कोई भी विषय राजनीति से परे नहीं हो सकता। जी.एस.टी. पर भी जमकर राजनीति हुई। इसीलिए भी जी.एस.टी. विधेयक को दोनों सदनों से मंजूरी मिलना बेहद सधे हुए राजनीतिक कौशल का परिणाम है। इसका श्रेय सरकार को मिलना ही चाहिए। वैसे भी संघात्मक व्यवस्था में जी.एस.टी. जैसे जटिल विधेयक पर सभी राजनैतिक दलों की सहमति हासिल करना अत्यंत कठिन है। फिर भी सरकार ने पर्याप्त लचीलापन दिखाते हुए सभी राजनैतिक दलों की सहमति हासिल करने का करतब कर दिखाया। उम्मीद की जानी चाहिए कि जी.एस.टी. व्यवस्था के लागू होने पर भारत में एक नए युग का सूत्रपात होगा। भारतीय बाजार का एकीकरण और सभी राज्यों का आर्थिक रूप से सबल होना ही इस महत्त्वाकांक्षी व्यवस्था लाभ होगा।

(लेखक भारतीय राजस्व सेवा के सदस्य हैं। वर्तमान में डिप्टी कमिश्नर कस्टम एवं सर्विस टैक्स, इंदौर में सेवारत हैं। मूलतः मध्य प्रदेश के रहनेवाले हैं।)

काले धन पर नकेल कसने में कामयाब सरकार

शलभ मणि त्रिपाठी

कालाधन का मुद्दा भारत में कोई नया नहीं है। इसका दशकों पुराना इतिहास है। भारतीय राजनीति के इतिहास में यह मुद्दा अनेक बार उठा है और फिर हाशिये पर गया है। लेकिन इस मुद्दे पर व्यापक जनांदोलन हाल के दशकों में पहली बार वर्ष 2011 में देखा गया। योगगुरु रामदेव कालाधन के मुद्दे पर दिल्ली के रामलीला मैदान में अनशन पर बैठे। हालाँकि एक महत्त्वपूर्ण मसले पर किए गए उस आंदोलन का हश्र तत्कालीन संप्रग-2 सरकार द्वारा ऐसा किया गया कि तमाम लोगों ने उस घटना को आपातकाल की स्थिति तक कह दिया। रात के अँधेरे में जब अनशनकारी नींद में थे, तब अचानक संप्रग सरकार के आदेश पर लाठियाँ चलाई गईं और तमाम लोग घायल हुए। खैर, वह एक दौर था, जब कालाधन की बात करने पर सरकार ऐसे ही पेश आती थी। लेकिन वर्ष 2014 में भाजपा ने इसे मुद्दा बनाया। 2014 में भाजपा-नीत केंद्र सरकार के गठन के बाद प्रधानमंत्री मोदी की कैबिनेट का पहला फैसला कालेधन पर विशेष जाँच दल, यानी एस.आई.टी. का गठन करने को लेकर हुआ। कालेधन पर एस.आई.टी. का गठन करने की बात लंबे समय से सर्वोच्च न्यायालय द्वारा पिछली सरकार से की जा रही थी, लेकिन यह काम उस सरकार ने नहीं किया। यह तथ्य है कि नरेंद्र मोदी कैबिनेट का पहला निर्णय कालेधन पर एस.आई.टी. का गठन करने को लेकर था। इसी से अंदाजा लगाया जा सकता है कि इस अहम मसले पर वर्तमान सरकार कितनी गंभीर है।

हर मोर्चे पर सरकार ने कसी कमर

कालाधन के मसले पर पहले दिन से प्रतिबद्ध भाजपा-नीत केंद्र सरकार ने वर्ष 2015 में कानून भी पारित कराया। 1 अक्तूबर, 2015 को कालाधन कानून देश में लागू कर दिया गया। इस कानून को लागू करने से पहले सरकार ने लोगों से कालाधन सार्वजनिक करने की अपील की थी। इस अपील के तहत 638 लोगों ने 3770 करोड़ की राशि सार्वजनिक की थी। उसके बाद इस वर्ष भी सरकार ने उसी नीति को अपनाते हुए 30 सितंबर तक कालाधन सार्वजनिक करने का अवसर दिया था। खुद प्रधानमंत्री ने मन की बात में सख्त संदेश देते हुए कहा था कि 30 सितंबर तक इसे सार्वजनिक करें नहीं तो परिणाम ठीक नहीं रहेंगे। सरकार की सख्ती का असर हुआ और पैंसठ हजार करोड़ की राशि को सार्वजनिक किया। ऐसा कहा जाता है कि प्रधानमंत्री नरेंद्र मोदी अपने इरादों के पक्के व्यक्ति हैं। लिहाजा 30 सितंबर तक की चेतावनी को जिन्होंने हल्के में लिया उनके लिए मुसीबत तो आनी ही थी। 8 नवंबर की शाम प्रधानमंत्री ने राष्ट्र के नाम संदेश देते हुए कालाधन के मसले पर वह कर दिया, जिसका अनुमान कालाधन रखनेवालों को नहीं था। प्रधानमंत्री ने पाँच सौ और एक हजार के नोट बंद करने और दो हजार एवं पाँच सौ रुपए के नए नोट बैंकों के माध्यम से जारी करने की घोषणा कर दी।

> ***''सरकार द्वारा लिया गया विमुद्रीकरण का फैसला गरीबों एवं मध्यम वर्ग के लोगों के हित में है। विमुद्रीकरण अभियान ईमानदार लोगों के हितों की रक्षा के लिए है।''***
>
> **—नरेंद्र मोदी**

भाजपा-नीत केंद्र सरकार का पाँच सौ और एक हजार के नोट बंद करने का ऐतिहासिक निर्णय देश में मौजूद काले धन पर एक करारे वार की तरह है। अगर इसे काला धन धारकों पर सरकार का 'सर्जिकल स्ट्राइक' कहें तो शायद गलत नहीं होगा। अब जिन्होंने अवैध स्रोतों से धन अर्जित किया और टैक्स देने से बचने के लिए उसे घर में छिपाकर रखा है, सरकार के इस

निर्णय के बाद उन्हें रास्ता नहीं सूझ रहा। अब यदि वे अपने पैसे को बैंक में जमा कर नए नोटों से बदलवाना चाहेंगे तो उनकी कलई खुल जाएगी। बैंक उस धन पर टैक्स तो लगाएगा ही, उसके स्रोत की जानकारी भी चाहेगा। अब इसी बिंदु पर काला धन धारक फँस जाएँगे।

इस निर्णय के बाद देश के आम लोगों को समस्या होने की बात कही जा रही थी। कहा जा रहा था कि आम लोगों को उनके दैनिक खर्चे में पैसे की किल्लतों का सामना करना पड़ेगा। लेकिन वस्तुस्थिति यह है कि ऐसा कुछ नहीं होनेवाला। सरकार ने पुराने नोटों को बदलने के लिए 30 दिसंबर तक का यानी भरपूर समय दिया गया। अत: जिन्होंने ईमानदारी और मेहनत से पैसा कमाया है, वे बड़े आराम से बैंक जाके अपने नोट बदलवा लेंगे। फिर पाँच सौ और दो हजार के नए नोट भी आ ही गए हैं। स्पष्ट है कि सरकार के इस निर्णय से आम आदमी को तो कोई विशेष समस्या नहीं होनेवाली, इसके मुख्य लक्ष्य देश में मौजूद काला धन धारक हैं और इससे असली मुश्किल उन्हीं को होगी। आम व्यक्ति का ध्यान रखते हुए सरकार ने जनधन के माध्यम से सबका खाता खुलवा दिया है, जिससे नोट बदलवाने में किसी भी आम जन को समस्या नहीं आएगी।

कालाधन रोकने और उसे देशहित में इस्तेमाल करने की दिशा में यह सरकार की एक और बड़ी सफलता मानी जा रही है। यह एक ऐसा मुद्दा है, जिसे लेकर मौजूदा नरेंद्र मोदी के नेतृत्व वाली भाजपा-नीत सरकार ने आम लोगों में अपनी साख जमाई है। विपक्ष अगर यह आरोप लगा रहा है कि देश में तमाम गंभीर मुद्दे सर्जिकल स्ट्राइक के भँवर में दब गए तो वहीं यह बात भी सच है कि देश के भीतर इकट्ठे हुए 65 हजार करोड़ के काले धन की उपलब्धियों की चर्चा भी उस तरह नहीं हुई, जिस तरह होनी चाहिए। यह बड़ी रकम है और शायद एक वक्त में खुद सरकार को भी उम्मीद नहीं रही होगी कि इतने बड़े पैमाने पर देश के भीतर दबा काला धन सामने आएगा। लेकिन नतीजे उत्साहजनक हैं। और इस बात का संकेत भी देते हैं कि विदेशों में पड़े कालेधन से कहीं ज्यादा जरूरत देश में पड़े कालेधन को सामने लाने

की है। यह वो पैसा है, जो न सिर्फ देश की आर्थिक तरक्की रोक रहा है, बल्कि कई मौकों पर इस पैसे का नाजायज इस्तेमाल भी देश के खिलाफ ही हो रहा है। इस पैसे में उन गरीबों, वंचितों का मारा जा रहा था हक, जिनके लिए तमाम महात्त्वाकांक्षी योजनाएँ बनाई जाती हैं। गरीब गरीब रह जाते हैं और उनका हक मारकर कुछ लोग रातोंरात फर्श से अर्श पर जा पहुँचते हैं। कालेधन को वापस लाने की दिशा में सरकार द्वारा अंतरराष्ट्रीय स्तर पर भी काम किया जा रहा है। प्रधानमंत्री द्वारा अनेक देशों की यात्रा में यह मुद्दा अहम रहा है। कुछ समझौतों पर भी प्रगति है।

भ्रष्टाचार पर लगाम लगाने में सफल सरकार

तमाम दल भ्रष्टाचार के मुद्दे पर खुद को अडिग बताते हैं। लेकिन भ्रष्टाचार के खिलाफ जमीन पर सफलता हासिल करने की प्रामाणिकता केंद्र की भाजपा-नीत सरकार की ही दिखाई दे रही है। हजारों करोड़ के कालेधन को सार्वजनिक करना, एक उदाहरण है। इस कवायद से न सिर्फ देश में आर्थिक मजबूती आएगी, बल्कि भ्रष्टाचार और बेईमानी पर भी प्रभावी रोक लगेगी। वे तमाम लोग, जिनके भीतर देश के कानून का खौफ खत्म हो गया था, उनके जेहन में एक बार फिर कानून का राज कायम हुआ है। कालेधन को लेकर बेफिक्र लोगों में यह संदेश गया है कि यह एक गंभीर अपराध कर रहे हैं और इसका खामियाजा कानूनी तौर पर उन्हें भुगतना पड़ेगा। खास बात ये भी रही कि कालेधन को उजागर करने के इस बार के अभियान पर जिस तरह खुद प्रधानमंत्री नरेंद्र मोदी ने मोर्चा सँभाला, यह बेहतरीन उदाहरण रहा। सरकारी विज्ञापनों के जरिए बार-बार यह बताया गया कि कालेधन का ऐलान करनेवालों के लिए यह आखिरी मौका है। तमाम कार्यक्रमों और इंटरव्यू में प्रधानमंत्री ने यह खुलकर कहा कि आखिरी मियाद खत्म होने के बाद कड़ी कार्रवाई की जाएगी। इससे कालेधन के जमाखोरों में जहाँ सिरहन पैदा हुई, वहीं आम लोगों में इस घोषणा के प्रति विश्वास भी बढ़ा। नतीजा 65 हजार करोड़ के तौर पर सबसे सामने है। इसके अलावा कई स्तरों पर छापेमारी आदि से कालाधन जब्त

होने की खबरें भी आती रहती हैं। यह सही है कि इस योजना को लेकर पहले तमाम सारे सवाल खड़े हुए। यह तमाम लोग जो कालेधन का ऐलान करना चाहते थे, काफी वक्त तक इस भ्रम में रहे कि ये योजना भी तमाम सरकारी योजनाओं की तरह ही बेअसर साबित होगी। पर आखिरकार सरकार की हनक काम आई और एक बड़ी रकम देश की आर्थिक मुख्य धारा में शामिल हुई।

हालाँकि यह पहला चरण है और जैसा कि सरकार दावा कर रही है, अगर कालेधन को लेकर शुरू हुई यह मुहिम आगे भी पुख्ता तौर पर जारी रहती है तो यह इतिहास में दर्ज होने जैसी उपलब्धि बन सकती है। इस बार खुद सरकार ने यह संकेत दे दिया है कि अभी भी जो लोग काला धन दबाए बैठे हैं, उनके खिलाफ प्रभावी कार्रवाई की पूरी तैयारी है। ऐसे लोग कतई चैन से न बैठें। सच तो यह है कि देश की जनता ऐसे लोगों के खिलाफ कार्रवाई होते हुए देखना भी चाहती है। लेकिन इस पूरे अभियान में सरकार इस बात की भी पूरी सावधानी बरत रही है कि इस अभियान की आड़ में आम आयकरदाता का सरकारी उत्पीड़न न हो। क्योंकि आम तौर पर जब सरकारी एजेंसियाँ कोटा पूरा करने के अभियान में जुटती हैं तो सबसे ज्यादा परेशानी उन आम लोगों को ही होती है, जो या तो व्यवस्था में यकीन रखते हैं या फिर जानकारी के अभाव में नियमों का पालन नहीं कर पाते। ऐसे में यह भी जरूरी है कि जिन लोगों से अनजाने में गलती हुई है, उन्हें अवसर मिले, पर जिन लोगों ने जान-बूझकर कानून को कमजोर माना है, उन्हें यह ऐहसास हो कि यह वाकई उनके लिए आखिरी मौका ही था। लेकिन फिर भी इस मसले पर यह कहना गलत नहीं होगा कि कालाधन के मुद्दे पर इस सरकार ने जितना काम अपने छोटे से कालखंड में अभी तक किया है, उतना दशकों तक की पिछली सरकारों में कभी नहीं हो सका है।

(लेखक वरिष्ठ पत्रकार हैं। वर्तमान में नेटवर्क-18 समूह में उत्तर प्रदेश के ब्यूरो चीफ हैं। मूलतः उत्तर प्रदेश के रहनेवाले हैं।)

रक्षा क्षेत्र की बदल रही तसवीर

नितिन गोखले

भारत में रक्षा क्षेत्र की हालत पिछली सरकारों के दौरान से हीला-हवाली का शिकार रही है। सेना की जरूरत की तमाम वस्तुओं की खरीद आदि की प्रक्रिया लंबी, जटिल और महँगी रही है। लेकिन केंद्र में वर्तमान मोदी सरकार के आने के बाद से ही रक्षा क्षेत्र की स्थिति को चाक-चौबंद करने और भारतीय रक्षातंत्र को मजबूत बनाने के लिए अनेक कदम उठाए गए हैं। जैसे कि सरकार ने रक्षा क्षेत्र में 49 फीसद तक प्रत्यक्ष विदेशी निवेश (एफ.डी.आई.) का मार्ग खोलने का एक महत्त्वपूर्ण निर्णय लिया है। साथ ही, रक्षा कंपनियों के देश में निवेश के मार्ग की बाधाएँ और प्रतिबंध भी कम किए गए हैं, जिससे देश में नई रक्षा कंपनियों का निवेश बढ़ने की भारी संभावनाएँ हैं। भारतीय कंपनी टाटा और अमेरिकी कंपनी बोईंग का एयरक्राफ्ट निर्माण के लिए भारत में ही शुरू संयुक्त उपक्रम सरकार के इस कदम की सफलता का ही सूचक है। इन सब कदमों के अतिरिक्त रक्षा क्षेत्र की खरीद व निर्माण प्रक्रिया की सुस्ती और बदहाली को दूर करने तथा अन्य रक्षा नीतियों आदि की दिशा में मोदी सरकार द्वारा उठाए गए कुछ प्रमुख कदमों को हम निम्नलिखित प्रकार से समझ सकते हैं—

रक्षा खरीद

रक्षा खरीद में आनेवाली समस्याओं को दूर करने की दिशा में सरकार का एक महत्त्वपूर्ण कदम पुरानी खरीद प्रक्रिया की जगह नई 'रक्षा खरीद

प्रक्रिया-2016' लाना है। इस नई खरीद प्रक्रिया के तहत पहली बार स्वदेशी ढंग से निर्मित व विकसित रक्षा उपकरणों के खरीद की शुरुआत की गई है। सरकार द्वारा एक लाख तेरह हजार नौ सौ पंचानवे करोड़ के 110 से अधिक कॉण्ट्रैक्ट्स पर हस्ताक्षर किए गए हैं और दो लाख उनतालीस हजार करोड़ के सैन्य आवश्यकता के 101 रक्षा उपकरणों की खरीद की स्वीकृति भी दी गई है। इनमें अपाचे हेलीकॉप्टर, चिनोक हेलीकॉप्टर, आकाश मिसाइल आदि तमाम महत्त्वपूर्ण रक्षा उपकरणों की खरीद शामिल है।

रक्षा उत्पादन

रक्षा उत्पादन के क्षेत्र पर नजर डालें तो 2014 से 2016 के दौरान 119 कंपनियों को उत्पादन के लिए लाइसेंस दिए गए हैं। इस तरह अधिक कंपनियाँ खुली हैं और देश में ही रक्षा उपकरणों के स्वदेशी विनिर्माण को गति मिली है, फलस्वरूप भारतीय सेना की खरीद के 75 फीसद सौदे भारतीय विक्रेताओं के साथ हुए हैं। इनमें आई.एन.एस. कोच्चि और आई.एन.एस. कोलकाता भारतीय नौसेना में शामिल हो चुके हैं। तेजस, हॉक आदि विमान वायुसेना में शामिल हो चुके हैं। साथ ही आकाश मिसाइल को भारतीय सेना के बेड़े में शामिल कर लिया गया है तथा ब्रह्मोस मिसाइल को सुखोई-30 लड़ाकू विमानों के साथ एकीकृत किया गया है। ये सब रक्षा उपकरण स्वदेश निर्मित और विकसित हैं तथा सभी उत्पादन स्वदेशी कंपनियों द्वारा किए गए हैं। इससे विदेशी रक्षा उपकरणों की विक्रेता कंपनियों को दिए जानेवाले पैसे में बड़ी बचत हुई है। साथ ही देश का रक्षा निर्यात भी पिछले दो सालों के दौरान

> ***''आजादी के बाद 35 हजार से ज्यादा जवानों ने देश की रक्षा के लिए अपनी जान दी है। देश को आगे बढ़ाने के लिए हिंसा को मिटाना जरूरी है। यह देश हिंसा को कभी सहन नहीं करेगा, आतंकवाद को कभी सहन नहीं करेगा, माओवाद के सामने नहीं झुकेगा।''***
>
> **—नरेंद्र मोदी**

1050 करोड़ से बढ़कर 2014 करोड़ तक पहुँच चुका है। अतः कह सकते हैं कि मोदी सरकार द्वारा रक्षा उत्पादन के क्षेत्र में उठाए गए कदमों का सार्थक प्रभाव देखने को मिल रहा है।

रक्षानीति

देश की रक्षा नीति केंद्र की नरेंद्र मोदी सरकार के लिए अत्यंत महत्त्वपूर्ण है। इसके जरिए ही दुनिया में भारत को मजबूती से स्थापित करने की दिशा में सरकार सफलतापूर्वक बढ़ रही है। भारत द्वारा अपने मॉरीशस, श्रीलंका, मालदीव, सेशेल्स, नेपाल, बँगलादेश आदि अपने पड़ोसी देशों को संसाधनों से लेकर हर स्तर पर विभिन्न प्रकार की मदद देकर अपने पक्ष में रखना देश की रक्षा नीति का ही एक हिस्सा है। इसके अलावा भारत ने दुनिया के बीस से अधिक देशों, जिनमें जापान, सिंगापुर, ओमान, संयुक्त अरब अमीरात, केन्या, कनाडा, तंजानिया आदि देश शामिल हैं, के साथ रक्षा सहयोग समझौता भी किया है। अमेरिका और रूस दोनों के साथ भी इस तरह के महत्त्वपूर्ण समझौते किए गए हैं। यह भारत सरकार की रक्षा नीति का ही वैश्विक प्रभाव कहा जाएगा कि युद्ध क्षेत्र में से भारत समेत दुनिया के 19 देशों के नागरिकों को सुरक्षित उनके स्थान तक पहुँचाने का कार्य भारत द्वारा सफलतापूर्वक किया गया। स्पष्ट है कि मोदी सरकार की रक्षा कूटनीति न केवल देश की सुरक्षा में, बल्कि भारत को वैश्विक स्तर पर मजबूत स्थिति में लाने में भी पूरी तरह से सफल सिद्ध हो रही है।

रक्षा क्षेत्र में महिलाएँ

मोदी सरकार के कार्यकाल के दौरान नेशनल कैडेट कॉर्प्स (एन.सी.सी.) में बालिकाओं के नामांकन में 16 फीसद की वृद्धि हुई है, जो कि रक्षा क्षेत्र में महिलाओं की भागीदारी बढ़ाने के सरकारी प्रयासों का ही सूचक है। साथ ही भारतीय वायुसेना में तीन महिलाएँ लड़ाकू विमान उड़ाने वाली पायलट बन चुकी हैं। अधिकांशतः यह दायित्व पुरुष पायलट ही निभाते रहे हैं। इसके साथ

ही भारत को महिलाओं के लड़ाकू विमान पायलट वाले देशों के एक विशेष समूह में स्थान भी मिल गया। इस प्रकार स्पष्ट है कि सरकार की मंशा रक्षा क्षेत्र में भी महिलाओं को पुरुषों के समान दायित्व देने और उनके साथ पूर्ण समानता बरतने की है, जिसका सरकार सफलतापूर्वक निर्वहन भी कर रही है।

इन सभी बातों को देखते हुए कह सकते हैं कि केंद्र की मोदी सरकार द्वारा देश के रक्षा क्षेत्र को हर तरह से सुस्थिर और सुदृढ रखने के लिए तमाम सफल प्रयास किए गए हैं। फलस्वरूप आज किसी देश की मजाल नहीं कि वह भारत की तरफ शत्रुता की दृष्टि से देख सके, क्योंकि अब भारत का रक्षा तंत्र मजबूत, शक्तिशाली और किसी भी हमले का जवाब देने में पूरी तरह से सक्षम है।

(लेखक राष्ट्रीय सुरक्षा मामलों के विशेषज्ञ हैं। मीडिया प्रशिक्षक हैं एवं भारत शक्ति डॉट इन के संस्थापक हैं। मूलतः पुणे के रहनेवाले हैं।)

□□□